Datenschutz im Arbeitsverhältnis

Hans Ueli Schürer

Datenschutz im Arbeitsverhältnis

Rechte und Pflichten
nach neuem Datenschutzgesetz

VERLAG:SKV

H. U. Schürer, lic. iur., führt in Meilen ZH eine Praxis als Rechtsberater und ist Seminarleiter für Arbeitsrecht, Personalfragen und Datenschutz.
Seine reichhaltige Erfahrung zeigt sich in seinen arbeitsrechtlichen Fachbüchern, die im Verlag SKV erschienen sind.

1. Auflage 1996   ISBN 3-286-51121-8

© **VERLAG:SKV**
Verlag des Schweizerischen Kaufmännischen Verbandes, Zürich

Alle Rechte vorbehalten
Ohne Genehmigung des Verlages ist es nicht gestattet, das Buch oder Teile daraus in irgendeiner Form zu reproduzieren.

Lektorat: Christian Elber
Gestaltung: Peter Heim
Umschlag: Brandl & Schärer

Vorwort

Das neue Datenschutzgesetz des Bundes ist seit dem 1.7.1993 in Kraft. Bis heute hat es in bezug auf datenschutzrechtliche Belange im Arbeitsverhältnis keine allzu hohen Wellen geschlagen. Leider nehmen insbesondere Arbeitnehmerinnen und Arbeitnehmer ihre zum Teil neuen Rechte an den über sie erstellten Personaldaten viel zu wenig wahr. Das ist umso erstaunlicher, als diese ihre berufliche Laufbahn nicht unwesentlich beeinflussen. Vor dem Hintergrund der modernen Informations- und Kommunikationstechnologien sind die Risiken von Missbräuchen und Persönlichkeitsverletzungen ausserdem erheblich gewachsen. Es ist deshalb zu begrüssen, dass in jüngster Zeit immer mehr Unternehmen die Aufgabe in Angriff nehmen, betriebliche Datenschutzkonzepte und -richtlinien zu erlassen, welche den gesamten betrieblichen Datentransfer auf eine rechtlich solide Basis stellen. Dazu veranlasst werden sie nicht zuletzt auch durch eine wachsende Zahl von (Bundes-)Gerichtsurteilen und Entscheiden von Verwaltungsbehörden, die sich zunehmend mit diesen Fragen zu befassen haben.
Dieser Ratgeber bietet vor diesem Hintergrund allen interessierten Leserinnen und Lesern eine Orientierungshilfe und erleichtert den Zugang zu dieser neuen Materie. Gleichzeitig wird das Bewusstsein für die Bedeutung eines korrekten und transparenten Umgangs mit den Personaldaten geschärft. Nebst den rechtlichen Fragen werden dabei stets die praktischen und wirtschaftlichen Interessen von Arbeitnehmern und Arbeitgebern dargestellt und Wege für einen sinnvollen Interessenausgleich aufgezeigt.
Um die sprachliche Gleichstellung von Frau und Mann zu respektieren, ohne durch die regelmässigen Wiederholungen der weiblichen und männlichen Form die Lesbarkeit des Textes zu erschweren, werden Personengruppen wie Arbeitnehmerinnen und Arbeitnehmer oder Arbeitgeberinnen und Arbeitgeber oftmals stellvertretend für alle in der weiblichen oder in der männlichen Form wiedergegeben.

Meilen, im Dezember 1995   *H.U. Schürer, lic.iur.*

Inhaltsverzeichnis

Einführung 13

Die Bedeutung des Datenschutzes im Arbeitsverhältnis

1. Worin besteht das Grundanliegen des Datenschutzes? 19
2. Was bedeuten Datenbearbeitung und Datenschutz für das Unternehmen? 20
3. Was bedeuten Datenbearbeitung und Datenschutz für die Arbeitnehmerin und den Arbeitnehmer? 21
4. Wann gehen die Interessen des Unternehmens und wann diejenigen der Mitarbeiter vor? 22

Die Rechtsgrundlagen

5. Welche Rechtsgrundlagen regeln den Datenschutz im privaten Arbeitsverhältnis? 25
6. Welche Rechtsgrundlagen gelten im öffentlichen Dienstverhältnis des Bundes, der Kantone und der Gemeinden? ... 26

Die Grundzüge des Datenschutzgesetzes

7. Was ist der Inhalt des Datenschutzgesetzes? 29
8. Welches sind die wichtigsten Grundsätze für die Bearbeitung von Daten? 30
9. Wie definiert das Datenschutzgesetz die wichtigsten datenschutzrechtlichen Begriffe? 32
10. Wie regelt das Datenschutzgesetz das Auskunftsrecht über bearbeitete Daten? 34

11. Wann stellt das Bearbeiten von Personendaten eine Persönlichkeitsverletzung dar? 35
12. Was besagt der mit dem Erlass des Datenschutzgesetzes neu geschaffene Art. 328b OR? 36

Datenerhebung bei der Personalselektion

13. Welches sind die wichtigsten Entscheidungshilfen der Personalselektion? 39
14. Welche datenschutzrechtlichen Fragen stellen sich bei der Bearbeitung von Personendaten im Bewerbungsverfahren? . 40
15. Was gilt es bei den Bewerbungsunterlagen zu beachten? ... 41
16. Gibt es rechtliche Vorschriften über das Fragerecht des Arbeitgebers und die Informationspflichten der Bewerberin und des Bewerbers im Vorstellungsgespräch? 43
17. Welche Rechtsfolgen haben Verletzungen des Fragerechts durch den Arbeitgeber und der Informationspflicht durch die Bewerberin oder den Bewerber? 46
18. Gibt es ein sogenanntes «Notwehrrecht auf Lüge»? 49
19. Welche Informationspflichten hat die Bewerberin oder der Bewerber bei den umstrittensten Fragen im Vorstellungsgespräch? 51
20. Welches sind die wichtigsten rechtlichen Leitplanken bei der Erstellung von graphologischen Gutachten und psychologischen Tests? 54
21. Was muss bei ärztlichen Eintrittsuntersuchungen beachtet werden? 57

Datenbearbeitung während des Arbeitsverhältnisses

22. Dürfen Arbeitnehmerinnen und Arbeitnehmer mit Video- und Telefonüberwachung kontrolliert werden? 61
23. Was wird im Personaldossier aufbewahrt? 63
24. Welches ist der zulässige Inhalt des Personaldossiers? 64
25. Ist es erlaubt, neben dem Personaldossier Geheimakten zu führen? 66

26. Haben Arbeitnehmerin oder Arbeitnehmer Anspruch auf Einsicht in ihr Personaldossier? 67
27. Gibt es Schranken des Auskunfts- und Einsichtsrechts? 70
28. Wie können Arbeitnehmerin und Arbeitnehmer ihre Rechte am Personaldossier durchsetzen? 71
29. Wer hat Zugang zum Personaldossier? 73
30. Dürfen Daten auch ins Ausland bekanntgegeben werden? .. 74
31. Dürfen Informationen über Mitarbeiterinnen oder Mitarbeiter gegenüber Vermietern, Banken oder Amtsstellen auf Anfrage bekanntgegeben werden?................. 75
32. Was geschieht mit den Personalakten nach Beendigung des Arbeitsverhältnisses?............................... 76

Datenübermittlung im Arbeitszeugnis und in der Referenzauskunft

33. Was bezweckt der Gesetzgeber mit dem Arbeitszeugnis? ... 79
34. Wie können die Interessen des Arbeitnehmers sowie des bisherigen und neuen Arbeitgebers berücksichtigt werden? ... 81
35. Was braucht es, damit ein Zeugnis eine hohe Aussagekraft bekommt? 82
36. Was ist ein Vollzeugnis (qualifiziertes Zeugnis)?........... 85
37. Was ist eine Arbeitsbestätigung (einfaches Zeugnis)? 91
38. Ist der Anspruch des Arbeitnehmers und der Arbeitnehmerin auf ein Zeugnis zwingend?........................... 93
39. Wer bestimmt, ob ein Vollzeugnis oder eine blosse Arbeitsbestätigung ausgestellt wird?.................... 94
40. Wann muss das Zeugnis ausgestellt werden? 95
41. Wann ist der Anspruch auf das Arbeitszeugnis verjährt? 96
42. Was bedeutet «Wahrheitspflicht»?..................... 97
43. Was bedeutet «Wohlwollen»? 100
44. Dürfen auch «familiäre Umstände» im Zeugnis erwähnt werden?... 103
45. Was muss, soll und darf im Arbeitszeugnis stehen?........ 104

46. Hat der Arbeitnehmer Anspruch auf die Formulierung, dass der Arbeitgeber mit seinen Leistungen «stets voll zufrieden» war? 105
47. Gehört der Kündigungs- bzw. Austrittsgrund ins Arbeitszeugnis? 106
48. Muss das Arbeitszeugnis mit der Begründung einer Entlassung übereinstimmen? 108
49. Wenn das Arbeitszeugnis bereits einen Monat vor dem Austritt oder erst einige Wochen später ausgestellt wird: Soll und darf vor- oder rückdatiert werden? 109
50. Haftet der Zeugnisschreiber für wahrheitswidrige Angaben im Zeugnis? 110
51. Wie steht es mit den Beweispflichten in einem Gerichtsverfahren? 112
52. Wie müssen kritische Sachverhalte im Zeugnis beschrieben werden? 115
53. Genügt es nicht, die negativen Beurteilungen einfach wegzulassen? 116
54. Sollen die sogenannten Zeugniscodes verwendet werden? ... 117
55. Ist es sinnvoll, am Schluss des Zeugnisses den Vermerk anzubringen: «Wir bekennen uns zur Abfassung uncodierter Arbeitszeugnisse»? 119
56. Worauf muss beim Lesen von Arbeitszeugnissen besonders geachtet werden? 120
57. Wer soll Arbeitszeugnisse schreiben und unterschreiben? ... 123
58. Müssen sich die Aussagen im Arbeitszeugnis mit denjenigen in der mündlichen Referenzauskunft decken? 124
59. Dürfen Referenzauskünfte auch gegen den Willen des Arbeitnehmers und der Arbeitnehmerin erteilt werden? 125
60. Haben Bewerberin und Bewerber Anspruch auf Auskunft über eingeholte Referenzauskünfte? 126
61. Haftet der Arbeitgeber für wahrheitswidrige Referenzauskünfte? 127

Strafbestimmungen

62. Welches sind die strafrechtlichen Folgen bei Verletzungen der Auskunfts-, Melde- und Mitwirkungspflichten?........ 131
63. Welches sind die strafrechtlichen Sanktionen bei Verletzung der beruflichen Schweigepflicht? 132

Checkliste für ein betriebliches Datenschutzkonzept...... 135

Anhang

Literaturhinweise 140
Auskunfts- und Beratungsstellen......................... 141
Auszug aus dem Bundesgesetz über den Datenschutz 142
Auszug aus der Verordnung zum Bundesgesetz über den Datenschutz.. 151
Auszug aus dem Arbeitsvertragsrecht im Obligationenrecht 154
Auszug aus dem Zivilgesetzbuch......................... 155
Auszug aus dem Strafgesetzbuch 156
Auszug aus der Verordnung 3 zum Arbeitsgesetz (Gesundheitsvorsorge) vom 18.8.1993 157
Stichwortregister...................................... 158

Abkürzungsverzeichnis

Abs.	Absatz
ArG	Arbeitsgesetz
ArGV	Verordnung zum Arbeitsgesetz
Art.	Artikel
BGE	Bundesgerichtsentscheid
DSG	Datenschutzgesetz
f./ff.	und folgende/fortfolgende
i.d.R.	in der Regel
lit.	Buchstabe
OR	Obligationenrecht
StGB	Strafgesetzbuch
VDSG	Verordnung zum Datenschutzgesetz
Vgl.	Vergleiche
ZGB	Zivilgesetzbuch

Einführung

Dieser Ratgeber beschränkt sich auf die Erläuterung der **datenschutzrechtlichen Aspekte im Arbeitsverhältnis** zwischen Unternehmen und Arbeitnehmerin und Arbeitnehmer. Das sonstige Bearbeiten von Daten durch Verwaltungen, Behörden, Medien und Private wird nicht behandelt.
Im Arbeitsverhältnis sind es im wesentlichen folgende Fragestellungen, die von grösster praktischer und datenschutzrechtlicher Bedeutung sind:

Personalselektion

- Welche Informationen darf die Arbeitgeberin über den Bewerber einholen?
  Gibt es z.B. ein rechtlich schützenswertes Interesse, etwas über die Gesinnung, den Leumund oder die familiären Verhältnisse des Bewerbers zu erfahren?
- Gibt es Entscheidungshilfen, die unzulässig sind, wenigstens ohne Zustimmung des Bewerbers?
  Dürfen z.B. Referenzauskünfte, graphologische Gutachten oder psychologische Tests ohne Zustimmung des Bewerbers eingeholt bzw. erstellt werden?
- Welches sind die Rechte der Bewerberin an den eingeholten Bewerbungsunterlagen?
  Hat sie z.B. Anspruch auf Einblick in vom Arbeitgeber eingeholte Referenzauskünfte oder graphologische Gutachten?

Während des Arbeitsverhältnisses

- Welche Unterlagen dürfen im Personaldossier aufbewahrt werden?
- Dürfen alle Unterlagen auch an Linienvorgesetzte oder an andere innerbetriebliche Stellen herausgegeben werden?

- Haben die Mitarbeiter Anspruch auf Einblick in ihr Personaldossier und auf allfällige Berichtigung oder Vernichtung von wahrheitswidrigen oder unzulässigen Akten?
- Inwieweit dürfen die Mitarbeiterinnen mit technischen Mitteln (z.B. Video, Telefonkontrollen) überwacht und kontrolliert werden?
- Dürfen Informationen über Mitarbeiter nach aussen, z.B. gegenüber Vermietern, Banken oder Amtsstellen, bekannt gegeben werden?

Beim Austritt

- Welche Auskünfte dürfen im Arbeitszeugnis oder in der Referenzauskunft über die ausgetretene Mitarbeiterin Dritten erteilt werden?
- Welches sind die Mitwirkungsrechte des Mitarbeiters am Arbeitszeugnis?
- Darf ohne seine Zustimmung Referenzauskunft über ihn erteilt werden?

Für die Beantwortung all dieser Fragen hat das **Datenschutzgesetz** gesetzliche Regelungen[1] geschaffen und wurde auch im **Arbeitsvertragsrecht im Obligationenrecht** folgende Vorschrift neu eingeführt:

Art. 328b OR Schutz der Persönlichkeit des Arbeitnehmers bei der Bearbeitung von Personendaten

Der Arbeitgeber darf Daten über den Arbeitnehmer nur bearbeiten, soweit sie dessen Eignung für das Arbeitsverhältnis betreffen oder zur Durchführung des Arbeitsvertrages erforderlich sind. Im übrigen gelten die Bestimmungen des Bundesgesetzes vom 19. Juni 1992 über den Datenschutz[2].

Diese Vorschrift besagt unmissverständlich, dass jegliches Beschaffen, Aufbewahren und Weitergeben von Daten über den Arbeitnehmer einen **Arbeitsplatzbezug** im Hinblick auf dessen berufliche Tätigkeit ha-

---

[1] Im Anhang finden Sie die wichtigsten gesetzlichen Vorschriften des Datenschutzgesetzes sowie weiterer Erlasse im Wortlaut. Soweit es dem Verständnis beim Lesen dient, sind die massgeblichen Artikel jeweils im Wortlaut angeführt.
[2] In Kraft seit 1.7.1993.

ben muss, um datenschutzrechtlich Bestand zu haben. Mit andern Worten: Jede Frage im Vorstellungsgespräch, jede Information in einer Referenzauskunft, jede Beurteilung in einem Gutachten, jedes Archivieren und Weitergeben von Daten, die keinen Arbeitsplatzbezug aufweisen, sind rechtswidrig und können je nach den konkreten Umständen zu den entsprechenden rechtlichen Sanktionen führen.

Zum Schluss noch ein Hinweis auf die gesetzliche Definition des Begriffes «Bearbeiten» in Art. 3 lit. e. des Datenschutzgesetzes (DSG):

Bearbeiten bedeutet:

Jeder Umgang mit Personendaten, unabhängig von den angewandten Mitteln und Verfahren, insbesondere das Beschaffen, Aufbewahren, Verwenden, Umarbeiten, Bekanntgeben, Archivieren oder Vernichten von Daten.

Die Bedeutung des Datenschutzes im Arbeitsverhältnis

Der Datenschutz will entgegen dem, was das Wort vermuten lässt, nicht Daten schützen, sondern diejenigen Personen, über welche Informationen in Form von Daten bestehen. Ihre Persönlichkeit, ihre Privat- und Intimsphäre und ihre Entwicklungsmöglichkeiten sollen geschützt werden. Nicht jede Information soll gesammelt, verarbeitet und weitergegeben werden dürfen.

In keinem anderen Rechtsverhältnis werden so viele personenbezogene Daten in solch grossem Umfang und während so langer Zeit systematisch bearbeitet wie im Arbeitsverhältnis. Arbeitnehmerin und Arbeitnehmer bedürfen deshalb angesichts ihrer rechtlichen und wirtschaftlichen Abhängigkeit vom Arbeitgeber eines besonderen Schutzes.

1. Worin besteht das Grundanliegen des Datenschutzes?

Die EDV ermöglicht heute ein beinahe unbeschränktes Erfassen von Informationen, über die auch verfügt werden kann. Insbesondere mit der Verbindung von automatisierter Datenverarbeitung und neuen Kommunikationstechniken ist das Potential für **Persönlichkeitsverletzungen** stark angewachsen. Der Datenschutz will deshalb Leitplanken für die Datenbearbeitung setzen. Leitplanken, die garantieren, dass die Entwicklung der Persönlichkeit nicht durch unerwünschte und unnötige Informationstätigkeiten beeinträchtigt wird.

Jede Person soll, soweit die Rechtsordnung nichts anderes vorsieht, grundsätzlich selbst über die Preisgabe und Verwendung ihrer persönlichen Daten bestimmen und frei über die Aufnahme und Gestaltung ihrer Informations- und Kommunikationsbeziehungen entscheiden können (sogenanntes **Informationelles Selbstbestimmungsrecht**).

2. Was bedeuten Datenbearbeitung und Datenschutz für das Unternehmen?

Das Unternehmen muss die Personaldaten der Mitarbeiterinnen und Mitarbeiter bearbeiten, insbesondere

- als Grundlage für **personelle Entscheide** (Einstellung, Beförderung, Personalplanung);
- als Grundlage für die **Lohnfestsetzung** (Qualifikationsunterlagen);
- zur **Beweissicherung**, z.B. im Hinblick auf Entlassungen (Begründungspflicht);
- für die Erfüllung der **Zeugnispflicht** (Arbeitszeugnis und Referenzauskunft);
- in Erfüllung **gesetzlicher Pflichten** (Sozialversicherungs- und Steuerrecht).

Es ist deshalb verständlich, dass Arbeitgeber Vorschriften, welche die Bearbeitung von Personendaten der Mitarbeiterinnen und Mitarbeiter einschränken und diesen Kontrollrechte gewähren, vielfach ablehnend gegenüberstehen. Auf der anderen Seite darf indessen nicht übersehen werden, dass ein transparenter Umgang mit Personendaten auch für den Arbeitgeber durchaus Vorteile beinhaltet.

> Erfahrungsgemäss trägt der verstärkte Kooperationscharakter zu einem günstigen Arbeitsklima bei, weil weniger über die Mitarbeiterinnen und Mitarbeiter hinweg Informationen ausgetauscht und Entscheidungen gefällt werden, sondern diese vermehrt in die sie persönlich betreffenden Entscheidungen einbezogen werden. **Kooperation und Transparenz schaffen Vertrauen.**

3. Was bedeuten Datenbearbeitung und Datenschutz für die Arbeitnehmerin und den Arbeitnehmer?

Die **berufliche Laufbahn und wirtschaftliche Existenz** der Arbeitnehmerinnen und Arbeitnehmer hängen massgeblich von den über sie bearbeiteten Daten ab. Negative Angaben in Referenzauskünften, in Arbeitszeugnissen, in graphologischen Gutachten und in anderen Entscheidungshilfen für die Personalselektion schmälern die Anstellungschancen, schlechte Qualifikationen im Personaldossier die Entwicklungsmöglichkeiten im Unternehmen. Im Vordergrund stehen für Arbeitnehmer und Arbeitnehmerin

- der Anspruch, dass keine Daten bearbeitet werden, die keinen **Arbeitsplatzbezug** aufweisen;
- das **Auskunfts- bzw. Einsichtsrecht** in alle bearbeiteten Daten;
- der Anspruch auf **Berichtigung** von wahrheitswidrigen Daten;
- der Anspruch auf **Vernichtung** von unzulässigen Daten;
- **Schadenersatz- und Genugtuungsansprüche**, wenn sie durch unzulässige und wahrheitswidrige Daten zu Schaden gekommen sind.

Arbeitnehmerinnen und Arbeitnehmer müssen in ihrem eigenen Interesse von ihren **Rechten vermehrt Gebrauch machen**.

4. Wann gehen die Interessen des Unternehmens und wann diejenigen der Mitarbeiter vor?

Der Arbeitgeber ist daran interessiert, für seine Personalplanung möglichst viele Informationen über die Mitarbeiter und Mitarbeiterinnen zu sammeln. Bei der Personaleinstellung beruft er sich auf sein Recht, seinen Einstellungsentscheid in Kenntnis aller ihm wichtig erscheinenden Informationen über die Bewerberin und den Bewerber nach seinem Gutdünken zu treffen. Dieser **Vertragsfreiheit** des Arbeitgebers steht indessen das **Persönlichkeitsrecht** der Bewerberin und des Bewerbers gegenüber, das diese davor schützt, ihre Privat- und Intimsphäre schrankenlos preisgeben zu müssen, z.B. in Fragen nach Gesundheit, Familienplanung, Leumund oder Weltanschauung. Diese Interessenabwägung zwischen Vertragsfreiheit des Arbeitgebers einerseits und Persönlichkeitsschutz der Bewerberin oder des Bewerbers andererseits kann nicht generell vorgenommen werden, müssen doch im Einzelfall **Art des Betriebes und des Arbeitsverhältnisses** stets in Betracht gezogen werden. Entscheidendes Kriterium ist jedoch immer der gesetzliche Grundsatz (Art. 328b OR[1]), dass jedes Bearbeiten von Daten über den Arbeitnehmer immer nur soweit zulässig ist, als es einen **Arbeitsplatzbezug** aufweist (vgl. Einführung und Frage 12); das gilt auch für jeglichen innerbetrieblichen Datentransfer z.B. von der Personalabteilung zum Linienvorgesetzten oder in eine Filiale des Unternehmens.

---

[1] Vgl. den Wortlaut dieser Vorschrift S. 154

Die Rechtsgrundlagen

Datenschutz bezweckt den **Schutz der Persönlichkeit** der betroffenen Personen, im Arbeitsverhältnis der Arbeitnehmerinnen und Arbeitnehmer. Die Persönlichkeit eines Menschen umfasst alle seine Eigenschaften und Werte, die ihm als Mensch, mit Rücksicht auf seine geistigen und körperlichen Kräfte, zustehen. Dazu gehören das Recht auf Leben, auf körperliche und geistige Unversehrtheit, sein Anspruch auf Privat- und Geheimsphäre sowie auf seine persönliche und berufliche Ehre. Aufgabe des **Datenschutzgesetzes** ist es, Verletzungen dieser Werte durch die Bearbeitung von Daten zu verhindern. Im **Arbeitsverhältnis** müssen Arbeitnehmerinnen und Arbeitnehmer vor einer unkorrekten Bearbeitung ihrer Personendaten geschützt werden, weshalb der allgemeine Persönlichkeitsschutz der Arbeitnehmer mit einer besonderen Vorschrift über die Bearbeitung von Personendaten ergänzt worden ist.

Art. 2 DSG	Datenschutz
	Rechtsgrundlagen im privaten Arbeitsverhältnis

5. Welche Rechtsgrundlagen regeln den Datenschutz im privaten Arbeitsverhältnis?

Massgeblich sind im privaten Anstellungsverhältnis folgende gesetzlichen Regelungen:

- Das **Bundesgesetz über den Datenschutz** (DSG) und die **Verordnung**[1] (VDSG), beide in Kraft seit 1.7.1993
- Art. 27ff. ZGB: Die allgemeinen Bestimmungen über den **Persönlichkeitsschutz**
- Art. 328 OR: **Schutz der Persönlichkeit und des Arbeitnehmers** im allgemeinen
- Art. 328b OR: Schutz der Persönlichkeit der Arbeitnehmerin und des Arbeitnehmers bei der **Bearbeitung von Personendaten**, in Kraft seit 1.7.1993
- Art. 179 novies StGB: **Unbefugtes Beschaffen von Personendaten**, in Kraft seit 1.7.1993

(Vgl. die Auszüge aus den Gesetzestexten im Anhang)

---

[1] Im Gesetz wird dem Bundesrat die Kompetenz delegiert, in einem vorgegebenen Rahmen in einer Verordnung Ausführungsbestimmungen zu erlassen, die für den Vollzug des Gesetzes notwendig sind.

6. Welche Rechtsgrundlagen gelten im öffentlichen Dienstverhältnis des Bundes, der Kantone und der Gemeinden?

Gemäss Art. 2 DSG erstreckt sich der Geltungsbereich des Gesetzes auf private Personen und **Bundesorgane**. Soweit keine kantonalen Datenschutzvorschriften bestehen, gelten für das Bearbeiten von Personendaten durch **kantonale und kommunale** Verwaltungen und Behörden bei der Anwendung von Bundesrecht die Vorschriften des eidgenössischen Datenschutzgesetzes (Art. 37 DSG). Die Kantone haben jedoch die Kompetenz (von der zahlreiche Kantone Gebrauch gemacht haben), für den **öffentlichen** Bereich eigene Datenschutzgesetze zu erlassen[1]. Auch im öffentlichen Dienstverhältnis gelten Art. 27ff. ZGB sowie das jeweilige öffentliche Personalrecht.

Es gelten für Verwaltungen und Behörden

des Bundes:	Eidgenössisches Datenschutzgesetz Persönlichkeitsschutz Art. 27ff. ZGB Eidgenössisches Personalrecht Art. 179 novies StGB[2]
der Kantone/ Gemeinden:	Eidgenössisches oder kantonales Datenschutzgesetz Persönlichkeitsschutz Art. 27ff. ZGB Kantonales/kommunales Personalrecht Art. 179 novies StGB[2]

[1] Erkundigen Sie sich bei der Datenschutzstelle Ihrer kantonalen Verwaltung und bei den kantonalen Datenschutzbeauftragten über die kantonale Gesetzgebung.
[2] Strafrechtlich relevantes, unbefugtes Beschaffen von Personendaten, in Kraft seit 1.7.1993.

Die Grundzüge
des Datenschutzgesetzes

Es sind vor allem folgende Artikel des Datenschutzgesetzes, die für das **Arbeitsverhältnis** von Bedeutung sind und in den nachstehenden Kapiteln eine Rolle spielen[1]:

- Art. 4: Grundsätze der Datenbearbeitung
- Art. 5: Richtigkeit der Daten
- Art. 7: Datensicherheit
- Art. 8/9: Auskunftsrecht
- Art. 12/13: Persönlichkeitsverletzungen
- Art. 15: Rechtsansprüche und Verfahren
- Art. 34/35: Strafbestimmungen bei Verletzung der Auskunfts-, Melde- und Mitwirkungspflichten sowie bei Verletzung der beruflichen Schweigepflicht

Hinzu kommt der eigens für den Datenschutz im Arbeitsrecht neu geschaffene Art. 328b OR[1] betreffend den Schutz der Persönlichkeit des Arbeitnehmers bei der Bearbeitung von Personendaten.

---

[1] Im Anhang sind all diese Vorschriften im Wortlaut angeführt.

7. Was ist der Inhalt des Datenschutzgesetzes?

Das Datenschutzgesetz gliedert sich in acht Abschnitte:

1. Zweck, Geltungsbereich und Begriffe
2. Allgemeine Datenschutzbestimmungen
3. Bearbeitung von Personendaten und private Personen
4. Bearbeiten von Personendaten durch Bundesorgane
5. Eidgenössischer Datenschutzbeauftragter
6. Eidgenössische Datenschutzkommission
7. Strafbestimmungen
8. Schlussbestimmungen

Die detaillierten Ausführungsregelungen finden sich in der Verordnung des Bundesrates (vgl. Auszüge aus dem Gesetz und der Verordnung im Anhang).

> Als «Querschnitttsgesetz» regelt das Gesetz die Datenbearbeitung sowohl durch Private wie durch Bundesorgane. Um die Freiheit der Privaten möglichst wenig zu beschränken, sind die Vorschriften im privatrechtlichen Teil weniger restriktiv ausgestaltet.
> Das Datenschutzgesetz ist «technikneutral» ausgestaltet, das heisst, dass es keinen Unterschied macht zwischen technisch-automatisierter und manueller Datenbearbeitung. Das Gesetz erfasst auch Video-Überwachung, Telefonüberwachung, Türkontrollen u.ä.

8. Welches sind die wichtigsten Grundsätze für die Bearbeitung von Daten?

Im 2. Abschnitt über die Allgemeinen Datenschutzbestimmungen sind die **Bearbeitungsgrundsätze** geregelt. Besonders hervorzuheben sind die folgenden Bestimmungen (Art. 4ff. DSG):

- Die Datenbeschaffung muss **rechtmässig** sein;
- ihre Bearbeitung hat nach **Treu und Glauben** zu erfolgen und muss **verhältnismässig** sein;
- die Daten dürfen nur zu dem **Zweck** bearbeitet werden, der für den Betroffenen bei der Erhebung erkennbar ist;
- die Daten müssen **richtig** sein und die Betroffenen müssen Gelegenheit haben, unrichtige Daten berichtigen zu lassen;
- die Daten müssen gegen **unbefugtes Bearbeiten geschützt** werden.

Personendaten dürfen nicht ins **Ausland** bekanntgegeben werden, wenn dadurch die Persönlichkeit der betroffenen Person schwerwiegend gefährdet würde, namentlich weil im betreffenden Land ein Datenschutz fehlt oder nicht dem schweizerischen gleichwertig ist (vgl. Frage 30).

Lili Nabholz, Nationalrätin, hält zum angestrebten Interessenausgleich zwischen Datenbearbeiter und dem Betroffenen, dessen Daten bearbeitet werden, fest[1]:

> «In all den Fällen, wo sich die Freiheit des Einen an der Freiheit des Anderen reibt, war man um einen fairen und praktikablen **Interessenausgleich** bemüht (...). Wo immer sich widerstreitende Interes-

---

[1] Entstehung und Grundanliegen des Datenschutzgesetzes, in: Schweizer R., Das neue Datenschutzgesetz des Bundes, S. 6f.

sen ergeben haben, hat sich der Gesetzgeber um einen zweckmässigen und für beide betroffenen Seiten akzeptablen Ausgleich bemüht und sich vom Grundsatz der **Verhältnismässigkeit** leiten lassen. Ich bin mir bewusst, dass die Einführung dieses neuen Rechts mit einigem Aufwand vor allem für die bearbeitende Seite verbunden sein wird. Ich glaube aber, dass die **Vollzugsverträglichkeit** gegeben ist und mit den getroffenen Beschlüssen des Parlaments den Bedürfnissen angemessene Lösungen getroffen werden können.»

Art. 3 DSG — Datenschutzgesetz
Begriffe

9. Wie definiert das Datenschutzgesetz die wichtigsten datenschutzrechtlichen Begriffe?

Datenschutz ist ein neues (Rechts-)Gebiet mit neuen Begriffen, die vom Gesetzgeber definiert werden, um einen einheitlichen Sprachgebrauch zu sichern. In Art. 3 DSG werden diese Begriffe erläutert. Nachfolgend werden die wichtigsten Beispiele kurz kommentiert:

a. **Personendaten** sind alle Angaben, die sich auf eine bestimmte oder bestimmbare Person beziehen (z.B. Personalien, Gutachten über eine Bewerberin);

b. ...

c. **besonders schützenswerte Personendaten** sind solche über religiöse, weltanschauliche, politische oder gewerkschaftliche Ansichten oder Tätigkeiten, Gesundheit, Intimsphäre, soziale Hilfe, Leumund, familiäres Umfeld usw.;

d. **Persönlichkeitsprofile** sind Zusammenstellungen von Daten, die eine Beurteilung wesentlicher Aspekte der Persönlichkeit erlauben (z.B. Zusammenstellung einer grösseren Zahl von Daten über die beruflichen Fähigkeiten und Aktivitäten eines Bewerbers);

e. **Bearbeiten von Daten** bedeutet Personendaten, unabhängig von den angewandten Mitteln und Verfahren zu beschaffen, aufzubewahren, zu verwenden, umzuarbeiten, bekanntzugeben, zu archivieren oder zu vernichten;

f. **Bekanntgeben von Daten** bedeutet das Zugänglichmachen von Personendaten wie das Einsichtgewähren, Weitergeben oder Veröffentlichen;

g. eine **Datensammlung** stellt jeder Bestand von Personendaten dar, der so aufgebaut ist, dass die Daten nach betroffenen Personen er-

schliessbar sind (z.B. Personaldossiers). Keine Datensammlungen stellen anonymisierte Sammlungen von Daten dar, die keinen Rückschluss auf bestimmte Personen ermöglichen.
(...)

Für das **Arbeitsverhältnis** kann festgehalten werden, dass das (manuell oder elektronisch geführte) **Personaldossier** eine Datensammlung im Sinne des Datenschutzgesetzes darstellt, in der Personendaten mit besonders schützenswerten Inhalten bearbeitet werden. Die Bearbeitung von Personendaten der Mitarbeiterinnen und Mitarbeiter im Unternehmen untersteht damit den Vorschriften des Datenschutzgesetzes.

Art. 8 DSG

Datenschutzgesetz
Auskunftsrecht

10. Wie regelt das Datenschutzgesetz das Auskunftsrecht über bearbeitete Daten?

Das Recht auf Auskunft über die eigenen Daten ist das eigentliche **Schlüsselrecht zum Datenschutz**. Es verschafft den betroffenen Personen den Zugang zu ihren Daten, die Dritte über sie gespeichert haben, damit sie ihr Recht auf Beseitigung rechtswidrig bearbeiteter und auf Berichtigung falscher Daten wahrnehmen können[1].

Nach Art. 8 DSG haben Arbeitnehmerin und Arbeitnehmer Anspruch auf Auskunft über den gesamten Inhalt ihres Personaldossiers. Die Auskunft erfolgt schriftlich, in Form eines Ausdrucks oder einer Fotokopie oder durch Gewährung der Einsicht in das Personaldossier.

(Vgl. zum Auskunfts- und Einsichtsrecht der Arbeitnehmer die detaillierten Ausführungen zu Frage 26.)

---

[1] Urs Belser, Das Recht auf Auskunft, die Transparenz der Datenbearbeitung und das Auskunftsverfahren, in: Schweizer R., Das neue Datenschutzgesetz des Bundes, S. 55.

11. Wann stellt das Bearbeiten von Personendaten eine Persönlichkeitsverletzung dar?

Nach Art. 12 DSG darf, wer Personendaten bearbeitet, dabei die **Persönlichkeit** der betroffenen Personen **nicht widerrechtlich verletzen**. Er darf insbesondere nicht ohne **Rechtfertigungsgrund** Daten einer Person gegen deren ausdrücklichen Willen bearbeiten und besonders schützenswerte Personendaten oder Persönlichkeitsprofile Dritten bekanntgeben. Nach Art. 13 DSG kann die Verletzung durch Einwilligung des Betroffenen oder durch ein überwiegendes privates oder öffentliches Interesse oder durch Gesetz «geheilt» werden. Ein überwiegendes Interesse der bearbeitenden Person fällt insbesondere in Betracht, wenn diese in unmittelbarem Zusammenhang mit dem Abschluss oder der Abwicklung eines Vertrages Personendaten über ihren Vertragspartner bearbeitet. Gemäss der Botschaft des Bundesrates zum DSG wäre dieser Rechtfertigungsgrund z.B. für das Einholen von Referenzauskünften im Vorfeld eines Vertragsabschlusses möglich (Botschaft S. 48; vgl. Frage 59).

Art. 328b OR — Datenschutz / Arbeitsplatzbezug

12. Was besagt der mit dem Erlass des Datenschutzgesetzes neu geschaffene Art. 328b OR[1]?

Art. 328b OR beschränkt die Zulässigkeit der Bearbeitung von Personaldaten auf Informationen, die sich auf die **Eignung des Arbeitnehmers** für das jeweilige Arbeitsverhältnis beziehen oder zur **Durchführung des Arbeitsvertrages** erforderlich sind. Er stellt damit eine Konkretisierung des Verhältnismässigkeitsgebotes von Art. 4 Abs. 2 DSG dar.

Jegliches Beschaffen von Personaldaten zum Beispiel im Bewerbungsverfahren, Ablegen der Daten im Personaldossier oder internes Weitergeben von Daten aus der Personalabteilung an Linienvorgesetzte oder in Referenzauskünften ist deshalb nur zulässig, sofern und soweit dies für die Begründung bzw. den Vollzug des Arbeitsverhältnisses von Bedeutung ist. Fehlt es an einem entsprechenden **Arbeitsplatzbezug**, ist die Datenbearbeitung rechtswidrig und vermag, je nach den konkreten Umständen, Schadenersatz- und Genugtuungsansprüche zu begründen.

Diese Grundsätze sind zwar schon vor dem Inkrafttreten des Datenschutzgesetzes und von Art. 328b OR aus dem allgemeinen Persönlichkeitsrecht des Zivilgesetzbuches sowie aus Art. 328 OR (Persönlichkeitsschutz des Arbeitnehmers) abgeleitet worden. Da diese Interpretationen jedoch umstritten waren und eine Gerichtspraxis dazu weitgehend fehlte, ist es im Interesse des Arbeitnehmerschutzes zu begrüssen, dass mit den neuen Vorschriften im Datenschutzgesetz und mit Art. 328b OR **gesetzliche Bearbeitungsgrundsätze und Leitplanken** für die Zulässigkeit der Bearbeitung von Personaldaten geschaffen worden sind.

---

[1] Vgl. den Wortlaut dieser Vorschrift S. 154.

Datenerhebung bei der Personalselektion

Wichtige datenschutzrechtliche Fragen stellen sich bereits bei der Anbahnung des Arbeitsverhältnisses. Der Arbeitgeber ist darauf angewiesen, sich Informationen über Bewerberinnen und Bewerber zu beschaffen, um sich ein Bild über deren Eignung für den zu besetzenden Arbeitsplatz machen zu können. Umgekehrt müssen diese datenschutzrechtlich davor geschützt sein, dass schrankenlos Daten über sie eingeholt werden, zu denen sie nicht Stellung nehmen können oder die keinen Bezug zum Arbeitsverhältnis aufweisen und ihre Persönlichkeitssphäre verletzen.

13. Welches sind die wichtigsten Entscheidungshilfen bei der Personalselektion?

Die Erfahrung zeigt und repräsentative Umfragen belegen, dass bei der Personalselektion immer noch in erster Linie den traditionellen Entscheidungshilfen – Vorstellungsgespräch/Personalfragebogen, (Arbeits-)-Zeugnis und Referenzauskunft – vertraut wird. Nicht zu verkennen ist indessen die zunehmende Bedeutung von psychologischen Entscheidungshilfen – graphologische Gutachten, psychologische Tests – insbesondere bei der Besetzung von Kaderstellen. Ausserdem wird auch auf ärztliche Untersuchungen oder die Einholung von Straf- und Betreibungsregisterauszüge Wert gelegt.

Nach Art. 4 und 5 DSG sind alle genannten Entscheidungshilfen nur zulässig, sofern sie **rechtmässig** beschafft und **verhältnismässig** eingesetzt werden und die **Richtigkeit** der eingeholten Daten überprüft wird. Unzulässig, weil unverhältnismässig, wäre danach etwa die Einholung eines graphologischen Gutachtens oder die Durchführung von psychologischen Tests bei der Einstellung einer Hilfskraft. Beurteilungssysteme (Assessment Centers) und Persönlichkeitstests sind nur zulässig, wenn sie dem angestrebten Zweck dienen und durch Fachleute professionell durchgeführt werden.

14. Welche datenschutzrechtlichen Fragen stellen sich bei der Bearbeitung von Personendaten im Bewerbungsverfahren?

Bei den nachfolgend beschriebenen Entscheidungshilfen für die Personalselektion stellen sich im wesentlichen folgende Fragen:

- Ist der **Inhalt** der eingeholten Information zulässig, d.h. besteht ein Bezug zu der zu besetzenden Stelle?
- Ist die **Zustimmung** der Bewerberin oder des Bewerbers für die Beschaffung der Information z.B. durch Referenzauskünfte oder graphologische Gutachten erforderlich?
- Haben Bewerberin und Bewerber Anspruch auf **Auskunft** bzw. **Einsicht** in die eingeholten Informationen?
- Haben Bewerberin und Bewerber Anspruch auf **Berichtigung** falscher Daten bzw. Anspruch auf **Vernichtung** unrechtmässiger Daten?

Der Arbeitsvertrag sichert die **wirtschaftliche Existenz** der Arbeitnehmerinnen und Arbeitnehmer sowie ihrer Angehörigen. Es gehört deshalb zu den unabdingbaren Grundlagen einer verantwortungsbewussten betrieblichen Personalpolitik, dass der Abschluss dieses Vertrages nicht von Informationen abhängig gemacht wird, von denen der Bewerber nichts weiss, sondern dass

- diese darüber **informiert** werden, was für Daten zu welchem Zweck bearbeitet werden sollen;
- ihre **Zustimmung** eingeholt wird und
- sie zu den eingeholten Daten **Stellung nehmen** können.

15. Was gilt es bei den Bewerbungsunterlagen zu beachten?

In der Regel reicht der Bewerber oder die Bewerberin zusammen mit dem Bewerbungsschreiben **Unterlagen** (Lebenslauf mit Foto/Personalblatt, Schul- und Arbeitszeugnisse, Arbeitsproben u.a.) ein, die über die berufliche Ausbildung und Praxis Auskunft geben. Diese Dokumente, unabhängig davon, ob es sich um Originale oder Kopien handelt, bleiben **Eigentum des Bewerbers** und werden dem Arbeitgeber nur zum Zweck der Bewerbung geliehen. Infolgedessen sind sie nach dem Abschluss des Bewerbungsverfahrens, wenn es nicht zur Anstellung kommt, zurückzuerstatten. Kopien, z.B. vom Lebenslauf für den Fall, dass sich der Bewerber zu einem späteren Zeitpunkt erneut bewirbt, dürfen nur mit seinem Einverständnis gemacht werden. Hingegen gehört das Bewerbungsschreiben selbst (wie jeder Brief) dem Adressaten.

Anders verhält es sich mit vom **Arbeitgeber** erstellten oder in Auftrag gegebenen medizinischen, graphologischen und psychologischen Untersuchungen und Gutachten sowie den eingeholten Referenzauskünften. Diese Unterlagen sind **Eigentum des Arbeitgebers**. Da sie Angaben über die Persönlichkeit des Bewerbers oder der Bewerberin enthalten, für deren Weiterverwendung im Falle der Nichteinstellung kein berechtigtes Interesse mehr besteht, hat der Bewerber gegenüber dem Arbeitgeber in diesem Fall einen **Anspruch auf ihre Vernichtung**. Der Arbeitgeber kann aber auch z.B. das graphologische Gutachten freiwillig dem Bewerber überlassen, statt es zu vernichten. Falls es zur Anstellung kommt, werden die Bewerbungsunterlagen in der Regel in das **Personaldossier** aufgenommen (über die Rechte und Pflichten inbezug auf das Personaldossier vgl. «Datenbearbeitung während des Arbeitsverhältnisses»).

Auf einen Blick:

Bewerbungsunterlagen	
Das **Bewerbungsschreiben**	→ gehört zum Eigentum des Arbeitgebers und muss vertraulich behandelt werden.
Unterlagen des Bewerbers (Lebenslauf, Zeugnisse, Foto, Arbeitsproben u.a.)	→ bleiben immer im Eigentum des Bewerbers.
	→ müssen bei Nichtanstellung des Bewerbers zurückgegeben werden und dürfen nur mit seinem Einverständnis für eine eventuelle spätere Einstellung aufbewahrt bzw. kopiert werden.
	→ werden nach der Anstellung in das Personaldossier abgelegt.
	→ müssen nach dem Austritt des Bewerbers diesem zurückgegeben werden.
Unterlagen des Arbeitgebers (Personalfragebogen, graphologische Gutachten, Referenzauskünfte)	→ sind Eigentum des Arbeitgebers.
	→ werden nach der Anstellung in das Personaldossier abgelegt.
	→ müssen bei Nichtanstellung oder nach dem Austritt vernichtet werden.

Art. 4, 5, 12, 13 DSG Vorstellungsgespräch
Art. 328b OR Fragerecht und Informationspflicht

16. Gibt es rechtliche Vorschriften über das Fragerecht des Arbeitgebers und die Informationspflichten der Bewerberin oder des Bewerbers im Vorstellungsgespräch?

Die Vertragsparteien unterstehen schon vor Vertragsabschluss, von der ersten Kontaktnahme an, einer aus dem Prinzip von Treu und Glauben (Art. 2 ZGB) fliessenden Pflicht zu loyalem, korrektem Verhalten. Daraus lassen sich eine im Einzelfall näher zu bestimmende Sorgfaltspflicht, eine Pflicht zur Rücksichtnahme und eine **Informationspflicht** (Auskunftspflicht auf Befragen; Mitteilungspflicht über wichtige Sachverhalte von sich aus [ungefragt]; Wahrheitspflicht) ableiten, deren Verletzung zur Schadenersatzpflicht führen kann.

Bezogen auf das Vorstellungsgespräch kann sich der Arbeitgeber auf die **Vertragsfreiheit** (Art. 19 OR) berufen, darauf, dass es ihm freigestellt sei, den Einstellungsentscheid nach seinen persönlichen Kriterien zu fällen und alle entsprechenden Auskünfte im Vorstellungsgespräch einzuholen. Bewerber oder Bewerberin werden ihrerseits ihr **Persönlichkeitsrecht** (Art. 27ff. ZGB, Art. 328 OR, Art. 4, 12 DSG) auf die Waagschale legen, das ihre Privatsphäre schützt, und geltend machen, dass sie sich als Berufsmann bzw. Berufsfrau bewerben, weshalb Sachverhalte aus ihrer Privatsphäre den Arbeitgeber nichts angingen. Beide Argumentationen können nicht einfach von der Hand gewiesen werden.

Das Kriterium für die Abwägung der beidseitigen Interessen liegt im **Arbeitsplatzbezug** gemäss Art. 328b OR (vgl. Frage 12). Danach sind Fragen nur zulässig, soweit sie die Eignung des Bewerbers für das Arbeitsverhältnis betreffen oder sonstige Sachverhalte, die für die Erfüllung des Arbeitsvertrages von Bedeutung sind. Die **Auskunftspflicht** des Bewerbers auf Befragen ist so lange problemlos, als sie sich auf ausbildungsmässige und berufliche Fragen bezieht. Inwieweit Fragen, die in die Privatsphäre des Bewerbers oder der Bewerberin eindringen, einen Arbeitsplatzbezug aufweisen, hängt wesentlich von der Art des Arbeitsverhältnisses, der Stellung des Bewerbers und der Grösse und Zielsetzung des Unternehmens ab (vgl. die nachfolgenden Ausführungen zu den häufigsten und umstrittensten Fragen im Vorstellungsgespräch). Dass in sogenannten **Tendenzbetrieben** (z.B. in einer politischen, gewerkschaftlichen oder kirchlichen Organisation) der politischen, gewerkschaftlichen oder religiösen Gesinnung des Bewerbers eine ganz andere Bedeutung zukommt als in einem nach rein wirtschaftlichen Kriterien geführten Handels- oder Fabrikationsbetrieb, ist naheliegend. Der Bewerber muss zulässige Fragen wahrheitsgemäss beantworten. Zum umstrittenen «Notwehrrecht auf Lüge» bei unzulässigen Fragen vgl. die Ausführungen zu Frage 18.

Eine **Mitteilungspflicht** des Bewerbers und der Bewerberin, nach der diese von sich aus ungefragt bestimmte Sachverhalte mitteilen müssen, besteht nur ausnahmsweise bei Einschränkungen der Arbeitsfähigkeit, mit denen der Arbeitgeber nicht rechnen muss und welche die Durchführung des Arbeitsvertrages praktisch verunmöglichen (z.B. muss ein Berufschauffeur von sich aus einen allfälligen Fahrausweisentzug im Zeitpunkt der Bewerbung bzw. des Stellenantrittes zur Sprache bringen).

Auf einen Blick:

Vorstellungsgespräch und Personalfragebogen

Fragerecht Arbeitgeber

Zulässig	Kriterium	Unzulässig
Fragen mit Arbeitsplatzbezug, z.B. nach Ausbildung, Berufspraxis, Fachkenntnissen, Vermögensdelikten bei einem Bankangestellten, gesundheitlichen Leiden mit Auswirkung auf die Arbeitsfähigkeit, Schwangerschaft bei einer Tänzerin, gewerkschaftlicher Gesinnung bei einem Gewerkschaftssekretär	Arbeitsplatzbezug unter Berücksichtigung der Art des Betriebes und der Tätigkeit und Stellung des Bewerbers (Art. 328b OR)	Fragen ohne Arbeitsplatzbezug, z.B. nach weltanschaulicher Gesinnung (ausser bei politischen, gewerkschaftlichen oder kirchlichen Organisationen), nach Vermögensdelikten bei einem Gärtner, Familienplanung, früheren Operationen und Spitalaufenthalten, Verlangen eines Aids-Test bei nicht-medizinischen Berufen

Informationspflicht Bewerber

Auskunftspflicht auf Befragen	Mitteilungspflicht von sich aus
Bewerber muss alle zulässigen Fragen wahrheitsgemäss beantworten	Absolut notwendige Eigenschaften, die vom Arbeitgeber vorausgesetzt werden dürfen, muss der Bewerber auch ungefragt mitteilen. (Grundvoraussetzung für Arbeitsleistung)
Unzulässige Fragen müssen nicht wahrheitsgemäss beantwortet werden («Notwehrrecht auf Lüge», vgl. Frage 18)	Beispiele: – Fahrausweisentzug eines Chauffeurs zur Zeit des Stellenantrittes – bevorstehender, längerer Spitalaufenthalt kurz nach Stellenantritt – Bestehen eines Konkurrenzverbotes

| Art. 41ff., 97ff. OR, | Vorstellungsgespräch |
| Art. 27ff. ZGB | Folgen von Verletzungen des Fragerechts und der Informationspflicht |

17. Welche Rechtsfolgen haben Verletzungen des Fragerechts durch den Arbeitgeber und der Informationspflicht durch die Bewerberin oder den Bewerber?

Die Rechtslehre über das Fragerecht des Arbeitgebers und die Informationspflicht des Bewerbers kommt in der Regel erst im Nachhinein zur Anwendung, wenn es darum geht, nach erfolgter (fristloser) Entlassung wegen falschen oder unterlassenen Auskünften die Rechtmässigkeit der Kündigung und damit die Informationspflichten und -ansprüche der Parteien zu beurteilen. Immerhin ist es wichtig, dass Bewerberinnen und Bewerber wie auch Personalverantwortliche zum voraus **Kenntnis über ihre Ansprüche und Pflichten** haben. Beispielsweise arbeitslose Bewerber mit persönlichen Problemen z.B. im gesundheitlichen Bereich oder mit einem durch Vorstrafen getrübten Leumund müssen wissen, inwieweit sie darüber im Vorstellungsgespräch auskunftspflichtig sind. Aber auch Personalverantwortliche müssen sich darüber im Klaren sein, inwieweit Fragen z.B. nach einer Schwangerschaft oder über die Vermögensverhältnisse der Bewerberin oder des Bewerbers zulässig sind. Verständlicherweise machen Personalverantwortliche immer wieder geltend, dass fragen immer erlaubt sei und eine Frage deshalb keine Rechtsverletzung mit Schadenersatzfolge darstellen könne. Dem ist entgegenzuhalten, dass nicht die Frage als solche, sondern der Umstand, dass der Einstellungsentscheid aufgrund von rechtswidrig beschafften Informationen getroffen wird, eine **Persönlichkeitsverletzung** darstellen kann, welche grundsätzlich Schadenersatz- und Genugtuungsansprüche zu begründen vermag (Art. 27ff. ZGB, Art. 41ff., Art. 97ff. OR). Da der Bewerber sich in der Regel in einem erheblichen Beweisnotstand befindet, sind solche Verfahren selten. Es ist aber durchaus denkbar, dass in krassen Fällen von ausgewiesenen Persönlichkeitsverletzungen im Vorstellungsgespräch vermehrt Genugtuungsansprüche geltend gemacht werden, ohne dass ein Schadensnachweis geführt werden muss.

Die **rechtliche Bedeutung** dieses Problemkreises liegt insbesondere in den Fällen, wo der Arbeitgeber nach Vertragsabschluss oder Stellenantritt von einem bestimmten Sachverhalt Kenntnis erhält und den Arbeitnehmer mit der Begründung (fristlos) entlässt, dieser hätte ihn im Bewerbungsverfahren darüber informieren müssen. Wenn z.B. ein Bewerber eine «einschlägige», d.h. arbeitsplatzbezogene Vorstrafe (Vermögensdelikt eines Bankangestellten, Verurteilung wegen Fahrens in angetrunkenem Zustand eines Chauffeurs, Sittlichkeitsdelikte eines Erziehers usw.) verschweigt, kann dies ein wichtiger Grund für eine fristlose Entlassung (Art. 337 OR) darstellen. Ob ein psychisches Leiden oder eine Schwangerschaft einen Arbeitsplatzbezug aufweisen, kann immer nur im Einzelfall beurteilt werden. Über solche Auseinandersetzungen liegen zahlreiche Gerichtsentscheide vor (vgl. die nachfolgenden Ausführungen zu den besonders häufigen und umstrittenen Fragen im Vorstellungsgespräch).

Auf einen Blick:

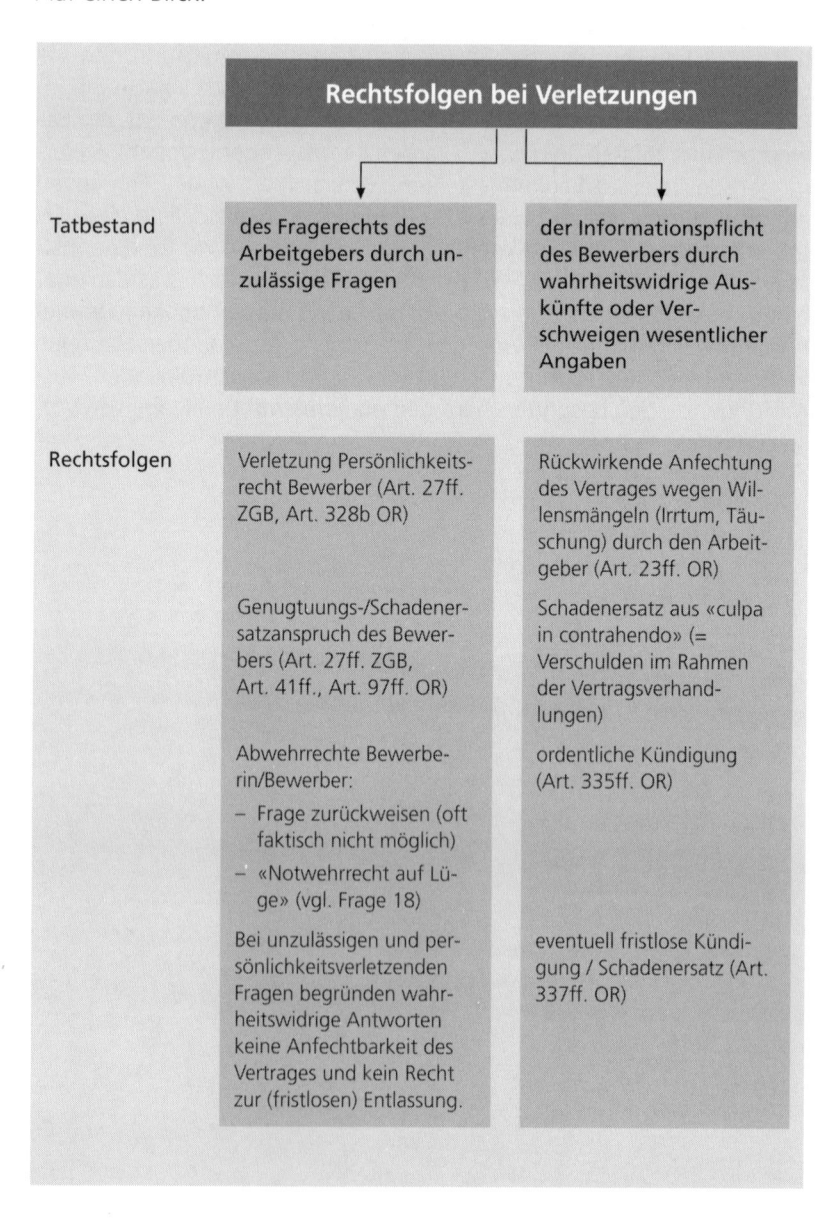

	Rechtsfolgen bei Verletzungen	
Tatbestand	des Fragerechts des Arbeitgebers durch unzulässige Fragen	der Informationspflicht des Bewerbers durch wahrheitswidrige Auskünfte oder Verschweigen wesentlicher Angaben
Rechtsfolgen	Verletzung Persönlichkeitsrecht Bewerber (Art. 27ff. ZGB, Art. 328b OR)	Rückwirkende Anfechtung des Vertrages wegen Willensmängeln (Irrtum, Täuschung) durch den Arbeitgeber (Art. 23ff. OR)
	Genugtuungs-/Schadenersatzanspruch des Bewerbers (Art. 27ff. ZGB, Art. 41ff., Art. 97ff. OR)	Schadenersatz aus «culpa in contrahendo» (= Verschulden im Rahmen der Vertragsverhandlungen)
	Abwehrrechte Bewerberin/Bewerber: – Frage zurückweisen (oft faktisch nicht möglich) – «Notwehrrecht auf Lüge» (vgl. Frage 18)	ordentliche Kündigung (Art. 335ff. OR)
	Bei unzulässigen und persönlichkeitsverletzenden Fragen begründen wahrheitswidrige Antworten keine Anfechtbarkeit des Vertrages und kein Recht zur (fristlosen) Entlassung.	eventuell fristlose Kündigung / Schadenersatz (Art. 337ff. OR)

18. Gibt es ein sogenanntes «Notwehrrecht auf Lüge»?

Wie sollen sich die Bewerberin oder der Bewerber verhalten, wenn ihnen vom Personalchef im Vorstellungsgespräch unzulässige Fragen zum Beispiel über den Befund eines Aids-Tests oder zur Familienplanung gestellt werden? Sie haben die «Wahl», unzulässige Fragen mit Rücksicht auf ihre Anstellungschancen wahrheitsgemäss zu beantworten, die Anstellung durch Zurückweisung der Frage aufs Spiel zu setzen oder sich dem Dilemma durch eine wahrheitswidrige Antwort (fürs erste) zu entziehen. Über die rechtlichen Konsequenzen dieser «Notlüge» besteht in der arbeitsrechtlichen Literatur eine seit Jahren andauernde Kontroverse. Während die einen unter Hinweis auf den Grundsatz von Treu und Glauben und das vom gegenseitigen Vertrauen geprägte Arbeitsverhältnis ein **«Recht auf Lüge»** strikte ablehnen, wird dieses Recht von anderen im Hinblick auf den geschilderten **Notstand eines Bewerbers** oder der Bewerberin befürwortet.

Bei einer sachlichen Würdigung dieser umstrittenen Frage ist davon auszugehen, dass unzulässige Fragen geeignet sind, die Persönlichkeit des Bewerbers zu verletzen. Mit der Notlüge wehrt sich dieser gegen eine gegen ihn gerichtete Rechtsverletzung auf die einzig mögliche Weise, ohne dass er gleichzeitig seine Anstellungschance vertut. In diesem berechtigten Anspruch muss er vom Arbeitsrecht geschützt werden. Dem Bewerber dürfen daher durch seine wahrheitswidrige Beantwortung einer unzulässigen Frage keine rechtlichen Nachteile erwachsen. Das bedeutet, dass die Aufdeckung der Notlüge keine Anfechtung des Vertrages wegen Täuschung oder Irrtum und schon gar nicht eine fristlose Entlassung zu begründen vermag. Vor einer ordentlichen Kündigung ist der Bewerber dagegen – unter Vorbehalt der Bestimmungen über die missbräuchliche Kündigung – nicht geschützt. Ein andauerndes Arbeitsverhältnis lässt sich mit der «Notlüge» bei dieser Rechtslage nicht erzwingen, weshalb sie dem Bewerber nur in den seltensten Fällen wirklich weiterzuhelfen vermag.

Bis heute haben die Gerichte zum «Notwehrrecht auf Lüge» noch keine Stellung bezogen. Wichtiger als dieser teilweise akademische Streit wäre es, wenn die Interviews im Vorstellungsgespräch so sachlich und arbeitsplatzbezogen geführt würden, dass diese Problematik zum vornherein entschärft würde. Dazu gehört besonders auch, dass Bewerberinnen als Berufsfrauen und nicht als potentielle Ehefrauen und werdende Mütter behandelt werden. Fragen nach beruflichen Plänen und Weiterbildungsabsichten vermögen mindestens ebensoviel Klarheit über die zu erwartende Anstellungsdauer zu verschaffen, als die immer wiederkehrenden Fragen nach den privaten Absichten bezüglich Heirat und Mutterschaft.

Art. 328b OR
Art. 4, 12 DSG

Vorstellungsgespräch
Die umstrittensten Fragen

19. Welche Informationspflichten hat die Bewerberin oder der Bewerber bei den umstrittensten Fragen im Vorstellungsgespräch?

1. Vorstrafen

Der Arbeitgeber darf nach Vorstrafen fragen, die für die zu besetzende Stelle relevant sind oder mit Ermächtigung des Bewerbers einen Auszug aus dem Strafregister einholen.

Der Bewerber muss nach vorherrschender, jedoch umstrittener Gerichtspraxis auch ungefragt Vorstrafen mitteilen, wenn die Art früher begangener Delikte mit der ins Auge gefassten beruflichen Stellung in direktem Zusammenhang steht (sogenannte «einschlägige Delikte» wie z.B. Vermögensdelikte eines Bankangestellten oder Verkehrsdelikte eines Chauffeurs).

> **Praxis-Beispiel**[1]:
>
> Ein Unternehmen auf dem Gebiet des Lüftungsgewerbes stellte einen technischen Kundenberater ein. Als der Arbeitgeber erfuhr, dass dieser wegen **Betäubungsmitteldelikten** vorbestraft war, wollte er vom Vertrag zurücktreten, da der Arbeitnehmer ihn über die Vorstrafen in Unkenntnis gelassen habe. Das Arbeitsgericht Zürich schützte jedoch den Arbeitnehmer mit der Begründung, für die Kundschaft des Unternehmens wäre es nicht unzumutbar gewesen, mit einem ehemaligen Drogendelinquenten in Kontakt zu treten, weshalb dieser nicht verpflichtet gewesen sei, ungefragt auf seine Straftat hinzuweisen.

---

[1] Vgl. dieses sowie die nachfolgend zitierten Gerichtsurteile in Schürer, Arbeitsrecht in der Gerichtspraxis, Bd. 1 Abschnitt 4.1.

2. Gesundheitszustand

Fragen nach dem Gesundheitszustand des Bewerbers sind grundsätzlich nur insoweit zulässig, als sie für das **künftige Arbeitsverhältnis von Interesse** sind (z.B. «Haben Sie Leiden, die Ihre Arbeitsfähigkeit beeinträchtigen könnten?»); ausgeheilte Krankheiten oder frühere Operationen und Spitalaufenthalte gehen den neuen Arbeitgeber nichts an. Äusserst zurückhaltend sind die Gerichte mit der Auskunfts- oder gar Mitteilungspflicht über die **psychische Verfassung**, da es sich nach Auffassung des Bundesgerichtes dabei «um eine mit dem Arbeitsverhältnis in der Regel nicht zusammenhängende persönliche Angelegenheit handle». In einem andern Fall wurde ohne nähere Begründung entschieden, dass die Bewerberin (eine Buffettochter) nicht verpflichtet war, ungefragt auf ihre Tablettensucht hinzuweisen.

Mit dem Persönlichkeitsrecht der Bewerberin oder des Bewerbers nicht zu vereinbaren ist das Verlangen, die Anstellung vom Vorliegen eines negativen **Aids-Tests** abhängig zu machen, da hier keine unmittelbare Ansteckungsgefahr besteht (Ausnahme: medizinische Berufe) und auch beim HIV-Positiven keine kurzfristige Arbeitsunfähigkeit droht. Dies schliesst nicht aus, dass die finanziellen Risiken durch entsprechende (Versicherungs-)Vorbehalte eingeschränkt werden.

Eine Mitteilungspflicht von sich aus hat der Bewerber nur bei **ansteckenden und chronischen Krankheiten** oder wenn er z.B. schon beim Vertragsabschluss weiss, dass er bereits in den ersten Monaten des Arbeitsverhältnisses einen längeren Spital- oder Kuraufenthalt antreten muss.

> **Praxis-Beispiel:**
>
> Ein Vizedirektor wurde wenige Wochen nach Stellenantritt entlassen, nachdem der Arbeitgeber erfahren hatte, dass er in der Vergangenheit wiederholt wegen akut aufgetretener **Geisteskrankheit** hospitalisiert werden musste. Da der Arzt das Risiko eines neuerlichen Rückfalls auf bloss 30% einschätzte und er an der vorherigen Arbeitsstelle keine gesundheitlichen Probleme hatte, durfte er davon ausgehen, dass er gesund und leistungsfähig sei. Eine Täuschungsabsicht lag daher nach Ansicht des Gerichtes nicht vor, weshalb dem Vizedirektor keine Verletzung der Mitteilungspflicht vorgeworfen werden konnte.

3. Schwangerschaft

Nach bisheriger Gerichtspraxis durfte der Arbeitgeber eine Bewerberin fragen, ob sie schwanger sei. Weitergehende Fragen nach ihren Plänen bezüglich Familiengründung und Mutterschaft waren dagegen schon bis anhin nicht zulässig. Die Frage nach einer Schwangerschaft stellt zweifellos eine Diskriminierung dar und ist gemäss dem **Diskriminierungsverbot** des neuen Gleichstellungsgesetzes heute nicht mehr zulässig. Angesichts der immer noch fehlenden Mutterschaftsversicherung ist es wichtig, dass die schwangere Bewerberin vom Arbeitsrecht in ihrem Anspruch auf eine existenzsichernde Berufstätigkeit besser geschützt wird.

Selbstverständlich ist die schwangere Bewerberin auch nicht verpflichtet, von sich aus ihre Schwangerschaft mitzuteilen. Ausnahmen bilden Berufe, die mit der Schwangerschaft unvereinbar sind (z.B. Tänzerin, Fotomodell, schwere körperliche Arbeit oder für Schwangere gesetzlich verbotene Arbeit wie z.B. in der Nuklearmedizin).

4. Gewerkschafts-, Partei-, Religionszugehörigkeit (Gesinnung)

Der gewerkschaftlichen, politischen oder religiösen Gesinnung des Bewerbers kommt nur in sogenannten **Tendenzbetrieben** (gewerkschaftlichen, politischen oder kirchlichen Organisationen) eine für den Arbeitgeber relevante Bedeutung zu. Nur in diesen Fällen darf der Arbeitgeber den Bewerber danach fragen. Im übrigen sind Fragen z.B. nach Gewerkschaftszugehörigkeit, die im Hinblick auf die Unterstellung unter einen Gesamtarbeitsvertrag oder für den Solidaritätsbeitrag wichtig sein können, erst **nach Vertragsabschluss** zu stellen.

Der Bewerber ist nie verpflichtet, von sich aus seine weltanschauliche Gesinnung und Zugehörigkeit zu entsprechenden Organisationen mitzuteilen. Nur wenn er z.B. aus religiösen Gründen die vereinbarte Arbeitszeit nicht einhalten kann, muss er im Rahmen der Vertragsverhandlungen darauf hinweisen.

(Vgl. die Übersicht in Schürer, Arbeit und Recht S. 43.)

20. Welches sind die wichtigsten rechtlichen Leitplanken bei der Erstellung von graphologischen Gutachten und psychologischen Tests?

Die **Graphologie** hat sich zu einem bedeutenden Instrument im Rahmen der Mitarbeiterbeurteilung entwickelt. Wenn die Schriftdeutung professionell betrieben wird und keine überhöhten Ansprüche an sie gerichtet werden, kann sie als wertvolles und kostengünstiges Hilfsmittel zur Entscheidfindung in personellen Belangen beitragen. Die Schrift lässt Rückschlüsse auf die Intelligenz, den Arbeitscharakter, die Art der zwischenmenschlichen Beziehungen sowie die Führungseigenschaften zu, dagegen können aus der Schrift keine Aussagen über Fachwissen, Motivation oder Werthaltungen gemacht werden. Das Gutachten soll auf eine konkrete Fragestellung ausgerichtet sein. Entscheidend ist, dass der Gutachter über das Umfeld der Stelle und den Stellenbeschrieb sowie das Anforderungsprofil der zu besetzenden Stelle Kenntnis erhält.

Angesichts des schwerwiegenden Eingriffs in die Persönlichkeit des Bewerbers dürfen **psychologische Tests** nur von ausgebildeten Psychologen und Psychologinnen durchgeführt werden und dürfen nur anerkannte Tests vorgenommen werden.

Es ist juristisch unbestritten, dass die «seelische Durchleuchtung» des Bewerbers oder der Bewerberin durch ein graphologisches Gutachten oder durch psychologische Tests eine Verletzung des Persönlichkeitsrechts darstellt, die nach Art. 28 ZGB und Art. 12, 13 DSG nur durch eine **Einwilligung des Betroffenen** «juristisch geheilt» werden kann. Dabei setzt sich die Auffassung immer mehr durch, dass auch beim graphologischen Gutachten eine ausdrückliche Einwilligung erteilt werden muss und diese nicht schon mit der Zustellung eines handgeschriebenen Lebenslaufes «stillschweigend» vorliegt.

Der Arbeitgeber hat grundsätzlich keinen Informationsanspruch über Sachverhalte aus der Privatsphäre des Bewerbers, die keinen Bezug zum vorgesehenen Arbeitsverhältnis aufweisen. Daher deckt dessen Einverständnis nur eine Begutachtung der **Eignung für das in Aussicht ge-**

nommene **Arbeitsverhältnis** ab; allgemeine Charakterstudien dürfen nicht in Auftrag gegeben werden.

Wie alle Personalakten unterliegt auch das graphologische Gutachten der **Auskunftspflicht** des Art. 8 DSG. Der Bewerber hat danach Anspruch auf Einblick in das Gutachten oder auf eine Kopie desselben. Bei kritischen Gutachten ist es geboten, den Bewerber direkt mit dem Graphologen in Kontakt zu bringen, damit der Gefahr vom Fehlinterpretationen vorgebeugt werden kann. Bei psychologischen Tests hat der Bewerber Anspruch darauf, dass er über den Zweck und die Testergebnisse informiert wird (über die Auskunftspflicht vgl. auch die Ausführungen zu Art. 8 DSG, Fragen 10, 26).

Lässt der Arbeitgeber über einen Bewerber oder eine Bewerberin ein graphologisches Gutachten oder einen psychologischen Test erstellen, trägt er die Verantwortung dafür, dass diese nicht in unbefugte Hände geraten. Obwohl es Angaben über den Bewerber enthält, bleibt es im **Eigentum des Arbeitgebers**. Kommt es zur Anstellung, wird es Bestandteil des Personaldossiers. Sowohl nach Beendigung des Arbeitsverhältnisses wie auch beim Scheitern der Vertragsverhandlungen hat der Arbeitgeber kein rechtlich erhebliches Interesse mehr an der Aufbewahrung des Gutachtens bzw. der Testergebnisse. Er ist deshalb in beiden Fällen zur Vernichtung des Gutachtens und der Testunterlagen verpflichtet, sofern er diese nicht dem Bewerber überlassen will.

Auf einen Blick:

Graphologische Gutachten / Psychologische Tests

→ ausdrückliche Einwilligung des Bewerbers (Arbeitnehmers) erforderlich (Handschriftprobe bedeutet nicht zwingend Einverständnis)

→ Abklärungsauftrag beschränken auf arbeitsplatzrelevante Fragestellungen (keine allgemeine Charakterstudie)

→ nur mit wissenschaftlichen Methoden durch professionelle Fachleute zulässig

→ Einsichtsrecht (bei psychologischen Tests Information über Zweck und Resultate, evtl. beim Graphologen/Psychologen selber) muss gewährt werden

→ Vernichtung des Gutachtens bei Nichteinstellung oder nach Beendigung Arbeitsverhältnis

21. Was muss bei ärztlichen Eintrittsuntersuchungen beachtet werden?

Der Bewerber ist grundsätzlich nicht verpflichtet, sich ärztlich untersuchen zu lassen. Um die Anstellung nicht zu gefährden, bleibt ihm in der Regel nichts anderes übrig, als sich der verlangten vertrauensärztlichen Untersuchung zu unterziehen. Auch hier ist der **Umfang der Untersuchung** – wie beim graphologischen Gutachten und psychologischen Eignungstests – auf die Prüfung der Anforderungen des konkret zu besetzenden Arbeitsplatzes zu beschränken (vgl. Frage 20).

Die Problematik der ärztlichen Untersuchung liegt insbesondere in der Art und Weise der Übermittlung der Ergebnisse an den Arbeitgeber. Der Arzt unterliegt der strafrechtlichen Schweigepflicht (Art. 321 StGB). Es stellt sich deshalb die Frage, ob der Bewerber oder die Bewerberin mit der Einwilligung zur ärztlichen Untersuchung den Arzt gegenüber dem Arbeitgeber auch vom **Arztgeheimnis** entbindet. Nach der herrschenden Lehre ist der Arzt von seiner ärztlichen Schweigepflicht nur insofern entbunden, als er dem Arbeitgeber die gesundheitliche Eignung des Bewerbers für die in Frage stehende Position mitteilen darf, nicht aber weitere Angaben wie die Diagnose oder die Krankengeschichte. Am besten wird deshalb das ärztliche Gutachten in einen **Befundbogen** mit Angaben zur Krankengeschichte und Diagnose und einen **Bescheidbogen** mit Angaben über die Arbeitsfähigkeit und allfällige Einschränkungen aufgeteilt; letzterer geht als Bestandteil des Personaldossiers an den Arbeitgeber. Der Befundbogen dagegen bleibt beim Arzt. Die gleichen Regeln gelten auch gegenüber den Organen von Personalversicherungen.

Auf einen Blick:

Ärztliche Untersuchungen

→ Einwilligung des Bewerbers oder der Bewerberin notwendig

→ Einwilligung zur Untersuchung bedeutet nicht Entbinden des Arztes vom Arztgeheimnis

→ der Befundbogen bleibt beim Arzt (Diagnose)
der Bescheidbogen geht zum Arbeitgeber (Arbeitsfähigkeit)

→ Arztberichte mit weitergehendem Inhalt als für die Beurteilung der Arbeitsfähigkeit notwendig gehören nie in das Personaldossier.

Datenbearbeitung während des Arbeitsverhältnisses

Die Bedeutung der Datenbearbeitung für das Unternehmen im Hinblick auf die gesamte Personalarbeit sowie des Datenschutzes für die berufliche Entwicklung der Arbeitnehmer ist in den Antworten zu den Fragen 2 und 3 dargelegt worden. In diesem Kapitel interessieren die Fragen nach dem zulässigen **Inhalt des Personaldossiers**, nach den **Berechtigten**, die in das Dossier Einblick nehmen dürfen sowie nach den **Einsichts- und Kontrollrechten** der Arbeitnehmer. Ausserdem stellt sich vor dem Hintergrund der immer perfekteren technischen Überwachungsmöglichkeiten die Frage, inwieweit Mitarbeiterinnen und Mitarbeiter insbesondere durch **Video- und Telefonüberwachung** einer systematischen Kontrolle unterzogen werden dürfen.

| Art. 4 DSG | Überwachungs-/Kontrollsysteme |
| Art. 26 ArGV 3 | Video-/Telefonüberwachung |

22. Dürfen Arbeitnehmerinnen und Arbeitnehmer mit Video- und Telefonüberwachung kontrolliert werden?

Der Persönlichkeitsschutz der Arbeitnehmerin und des Arbeitnehmers ist erheblich gefährdet durch die zunehmenden technischen Kontrollmöglichkeiten. Überwachungs- und Kontrollsysteme sind alle technischen Systeme, durch welche einzelne oder mehrere Tätigkeiten oder Verhaltensweisen der Arbeitnehmer erfasst werden können. Nach Art. 26 der Verordnung 3 zum Arbeitsgesetz (ArGV 3) dürfen sie nicht eingesetzt werden, sofern sie das Verhalten der Arbeitnehmer am Arbeitsplatz **überwachen** sollen. Erlaubt ist ihr Einsatz aus **Sicherheitsgründen** (z.B. Videoüberwachung in einer Schalterhalle einer Bank) oder zur **Produktionssteuerung**. Der Arbeitgeber darf solche Systeme jedoch nur einsetzen, wenn die betroffenen Arbeitnehmerinnen und Arbeitnehmer vorgängig **informiert** worden sind. Die gleichen Grundsätze gelten auch für andere Systeme, welche nicht primär der Überwachung des Personals dienen, jedoch zu diesem Zweck benützt werden können, z.B. wenn sie mit einer elektronischen Zugangsberechtigung und einem automatischen Zählwerk ausgestattet sind (FAX-Geräte, Zeiterfassungssysteme, Zugangskontrollen u.a.).

Schon kleine, in der Anschaffung nicht aufwendige **Telefonzentralen** erlauben heute die Registrierung und Anzeige der ein- und ausgehenden Anrufe samt Teilnehmernummern, der Dauer und der Kosten jedes Gesprächs. Häufig ist auch das Abhören der geführten Telefongespräche ohne Wissen der betroffenen Person problemlos möglich. Auch die Aufzeichnung von Daten im Zusammenhang mit dem Telefonieren darf nicht dem Zweck dienen, die Mitarbeiterinnen und Mitarbeiter zu kontrollieren. Hier gelten folgende **Grundsätze** (nach dem Leitfaden für die Bearbeitung von Personendaten im Arbeitsbereich des Eidgenössischen Datenschutzbeauftragten, S. 19):

Eine Aufzeichnung der Teilnehmernummern der aus **beruflichen Gründen** angewählten Anschlüsse ist zulässig, sofern sie nicht zur Kontrolle des Verhaltens der Arbeitnehmer vorgenommen wird (sondern z.B. für die Rechnungsstellung) und die Arbeitnehmer darüber informiert sind. **Private** Anschlüsse dürfen unter keinen Umständen in vollständig identifizierbarer Form aufgezeichnet werden, wenn das Führen privater Telefongespräche nicht generell untersagt wird. Der **Inhalt** von Telefongesprächen darf nur aus Gründen der Leistungskontrolle (z.B. bei Telefonverkäufen) oder aus Sicherheitsgründen aufgezeichnet werden. Diese sehr einschneidende Kontrollmassnahme ist nur zulässig, wenn die Person, deren Gespräch aufgezeichnet wird, damit einverstanden ist.

Der Arbeitgeber hat ein berechtigtes Interesse daran, dass während der Arbeitszeit nicht auf Geschäftskosten zu lange private Telefongespräche geführt werden. Dazu bedarf es keiner durchgehender Überwachung, sondern klarer Weisungen, was erlaubt ist und was nicht, die von den Vorgesetzten durchgesetzt werden.

23. Was wird im Personaldossier aufbewahrt?

Der Begriff des **Personaldossiers** umfasst alle schriftlichen Aufzeichnungen, die sich auf einen bestimmten Arbeitnehmer und den Inhalt des konkreten Arbeitsverhältnisses beziehen. Entscheidend ist allein, dass es sich um **personenbezogene** und nicht um anonymisierte Daten handelt. Dagegen spielt es keine Rolle, ob die Daten über den Arbeitnehmer in Ordnern, Hängeregistraturen, Karteien u.a. zentral oder in verschiedenen Abteilungen aufbewahrt, auf Mikrofilm aufgezeichnet oder elektronisch gespeichert sind. Wie in der Antwort zur Frage 7 ausgeführt, ist das Datenschutzgesetz technikneutral. Mit welchen Mitteln und Verfahren Personendaten bearbeitet werden, ist unerheblich für die Unterstellung unter das Datenschutzgesetz.

Die wichtigsten Daten im Personaldossier:
- Personalien und Adressdaten
- Bewerbungsunterlagen des Bewerbers
- Referenzauskünfte, graphologische Gutachten, Testunterlagen
- Arbeitsvertrag bzw. Anstellungsschreiben
- Angaben über Arbeitsausfälle
- Angaben über Ferien
- Lohn- und Versicherungsdaten
- Beurteilungen, Qualifikationen
- Weiterbildungen, Laufbahnplanung
- Disziplinarmassnahmen (Verwarnungen, Verweise, Bussen)
- Korrespondenzen zwischen Arbeitgeber und Arbeitnehmer
- Aktennotizen über besondere Vorkommnisse
- (Straf-)Registerauszüge
- Arztzeugnisse

| Art. 4 DSG | Personaldossier |
| Art. 328b OR | Inhalt |

24. Welches ist der zulässige Inhalt des Personaldossiers?

Welche Personaldaten wie bearbeitet werden dürfen, ist im Datenschutzgesetz nur im Rahmen einer Generalklausel geregelt. Nach Art. 4 DSG hat die Bearbeitung nach Treu und Glauben zu erfolgen und muss verhältnismässig sein. Konkretisiert wird diese Bestimmung durch Art. 328b OR, wonach der Arbeitgeber nur Daten über Arbeitnehmer bearbeiten darf, soweit sie einen **Arbeitsplatzbezug** aufweisen und wahrheitsgemäss sind (vgl. Frage 12). Daten über das (private, öffentliche, gewerkschaftliche usw.) Freizeitverhalten des Arbeitnehmers ausserhalb des Unternehmens, seine familiären Verhältnisse, seinen Bekanntenkreis usw. dürfen deshalb nie in der Personalakte gesammelt werden.

Daten über das Fehlverhalten des Arbeitnehmers (schlechte Vertragserfüllung, Disziplinarvergehen) sind periodisch zu überprüfen und zu vernichten. Generell sollen bei gesammelten Daten folgende Zusätze angebracht werden:

- **Zeitpunkt der Datenerhebung**
- Angaben zur **Herkunft der Daten**
- Voraussichtliche **Gültigkeitsdauer** der Daten.

Der Arbeitgeber darf Angaben zur Person des Arbeitnehmers sowie Unterlagen über seine Fähigkeiten und Leistungen sammeln, wenn

- sein **Interesse** dasjenige des Betroffenen an der Geheimhaltung überwiegt (z.B. Vermerk über KV-Mitgliedschaft wegen Unterstellung unter einen Gesamtarbeitsvertrag)
- die Mittel der Informationsbeschaffung nicht **persönlichkeitsverletzend** sind (z.B. Einholung eines graphologischen Gutachtens mit Zustimmung der Mitarbeiterin)
- die Informationen nur den zuständigen Stellen im Betrieb unter Wahrung der **betrieblichen Diskretion** zugänglich gemacht werden (Personalabteilung, Lohnbüro, zum Teil Linienvorgesetzte [vgl. auch Frage 29]).

Art. 4, 8 DSG Personaldossier
Geheimakten

25. Ist es erlaubt, neben dem Personaldossier Geheimakten zu führen?

Nein. Die Führung von Neben-, Doppel- oder Geheimakten in einem separaten «Grauen Dossier» bezweckt die **Umgehung der Rechte des Betroffenen**. Es handelt sich dabei um Aufzeichnungen des Arbeitgebers, deren Inhalt einerseits wegen ihrer Brisanz (z.B. Aufzeichnungen über die Gesinnung des Arbeitnehmers), andererseits aufgrund vertraulicher Mitteilung durch einen Dritten (Auskünfte, Gutachten) vor der Arbeitnehmerin oder dem Arbeitnehmer verheimlicht werden soll. Tatsächlich liegt hier das **Hauptproblem des Einsichtsrechts**. Dieses ist wertlos, wenn dem Arbeitnehmer nur unproblematische d.h. «bereinigte» Akten vorgelegt werden. Das Führen von Geheimakten ist **rechtswidrig**, weil durch ihre Existenz ein Zustand geschaffen wird, der gegen die Persönlichkeit des Arbeitnehmers verstösst und dieser seiner Rechte an der Personalakte beraubt wird. Der Arbeitgeber verletzt mit der doppelt geführten Personalakte die allgemeinen Datenschutzbestimmungen im 2. Abschnitt des Gesetzes (besonders Art. 4 über die rechtmässige Datenbearbeitung und Art. 8 über das Auskunftsrecht).

> Immerhin dürfte die **Strafbestimmung** nach Art. 34 DSG, wonach die Verletzung der Auskunftspflicht mit Haft oder Busse bestraft wird, das Führen von Geheimakten einschränken. Auch müssen sich die Unternehmen bewusst sein, dass auf die Dauer nicht zu vermeidende Gerüchte über die Existenz solcher Geheimakten dem **Arbeitsklima** nicht förderlich sind.

Art. 8 DSG	Personaldossier
	Auskunfts- und Einsichtsrecht

26. Haben Arbeitnehmerin oder Arbeitnehmer Anspruch auf Einsicht in ihr Personaldossier?

Ja. Das Auskunftsrecht gemäss Art. 8 DSG wurde in den Ausführungen zur Frage 10 als Kernpunkt des Datenschutzes beschrieben. Nach dieser Vorschrift haben Arbeitnehmerin und Arbeitnehmer Anspruch auf:

- **Information** über die Grundzüge der betrieblichen personenbezogenen Datenverarbeitung;
- vollständige und wahrheitsgemässe Auskunft über den Inhalt ihres Personaldossiers. Der Arbeitgeber ist verpflichtet, die Auskunft **schriftlich** und **kostenlos**, in Form eines Ausdrucks oder einer Fotokopie, zu erteilen. Diese schriftliche Auskunft kann im gegenseitigen Einverständnis auch durch eine **Einsichtnahme** in die Personalakte oder durch eine mündliche Auskunft ersetzt werden (Art. 1 Abs. 3 VDSG). Diesem Auskunfts- bzw. Einsichtsrecht vollständig unterworfen sind besonders auch Unterlagen mit medizinischem Inhalt sowie psychologische Gutachten und Tests. Dagegen besteht kein Einsichtsrecht in persönliche Notizen des Arbeitgebers sowie in Unterlagen betreffend Personal- und Karriereplanung.

Es ist nicht damit zu rechnen, dass die Unternehmen durch die Gewährung des Einsichtsrechts in das Personaldossier vor erhebliche organisatorische Schwierigkeiten gestellt werden. Die Erfahrung zeigt, dass die Arbeitnehmer von diesem Recht eher selten Gebrauch machen. Das Einsichtsrecht dürfte sich vornehmlich **präventiv** auswirken. Arbeitgeber, die mit der Möglichkeit von Einsichtnahmen rechnen müssen, werden künftig generell bei der Bearbeitung von persönlichkeitsverletzenden Daten zurückhaltender sein.

Nicht zu beanstanden ist die folgende **Empfehlung** von seiten einer Vereinigung von Personalchefs (mit Ausnahme des zu hoch angesetzten Betrages):

Die Erteilung von Auskünften aus dem Personaldossier muss schriftlich verlangt werden. Sie wird in der Regel durch Einsichtnahme gewährt. Wird innerhalb eines Jahres mehr als einmal um Auskunft nachgesucht, so ist dafür eine Gebühr von Fr. 100.– zu entrichten, welche mit der Lohnzahlung verrechnet werden kann. Auskünfte über Karriereplanung und über allenfalls laufende Verfahren werden nicht erteilt, weil hier ein überwiegendes Interesse des Arbeitgebers an der Geheimhaltung vorliegt und die Bekanntgabe die Zusammenarbeit wesentlich beeinträchtigen würde.

Praxis-Beispiele[1]:

Schon vor dem Inkrafttreten des neuen Datenschutzgesetzes hat das Bundesgericht ein grundsätzliches Einsichtsrecht des Arbeitnehmers in seine Personalakte bejaht. Zu beurteilen war in diesem Gerichtsfall der Anspruch eines fristlos entlassenen Bankangestellten auf Einsicht in **Untersuchungsberichte** über die ihm zur Last gelegten Pflichtverletzungen: «In Übereinstimmung mit der überwiegenden Meinung in der Lehre ist ein solches Recht als Ausfluss des Persönlichkeitsschutzes des Arbeitnehmers (Art. 328 OR) anzuerkennen. Das Einsichtsrecht ist als Teil des **informationellen Selbstbestimmungsrechts** zu verstehen.» (BGE 120 II 118)

In einem ähnlichen Gerichtsfall, in dem eine Arbeitnehmerin Einsicht in ein **externes Gutachten** über Konflikte in ihrem Arbeitsumfeld verlangte, ist das Arbeitsgericht Zürich zum gleichen Ergebnis gelangt. Das Beweisverfahren ergab, dass dieses Gutachten den letzten Anstoss zur ihrer Entlassung gegeben hatte:
«Das Recht zur Einsicht in die Personalakte ist Voraussetzung dafür, dass der Arbeitnehmer überhaupt feststellen kann, was über ihn gespeichert wurde. Erst wenn er das Einsichtsrecht ausüben kann, kann er die Entfernung von Aktenstücken mit allenfalls persönlichkeitsverletzendem Inhalt oder von Aktenstücken, deren Inhalt auf persönlichkeitsverletzende Weise beschafft worden ist, verlangen. Daraus folgt, dass dem Arbeitnehmer das Einsichtsrecht unabhängig davon zugestanden werden muss, ob seine Persönlichkeit durch Aufzeichnungen des Arbeitgebers überhaupt verletzt ist. Demzufolge ist dem Arbeitnehmer das Einsichtsrecht schon dann zu gewähren, wenn er ein berechtigtes Interesse an der Einsicht glaubhaft macht.» (Arbeitsgericht Zürich, Urteil vom 6.4.1993; dieser Entscheid erging noch unter altem Recht. Mit dem neuen Datenschutzgesetz ist der Anspruch auf Einsicht gesetzlich ausdrücklich verankert worden.)

---

[1] Vgl. die vollständigen Urteile in Schürer, Arbeitsrecht in der Gerichtspraxis, Bd. 2, Kap. 8.

Art. 9 DSG — Auskunfts- und Einsichtsrecht
Schranken

27. Gibt es Schranken des Auskunfts- und Einsichtsrechts?

In den Ausführungen zu Frage 26 ist bereits darauf hingewiesen worden, dass der Arbeitnehmer **keinen Anspruch auf Auskunft bzw. Einsichtnahme** hat in

- **persönliche Notizen** des Arbeitgebers
- Unterlagen betreffend **Personal- und Karriereplanung**
- Unterlagen über **laufende Verfahren**.

Nach Art. 9 DSG ist im übrigen eine Verweigerung der Auskunft nur möglich, soweit

- ein formelles Gesetz es vorsieht
- es wegen überwiegenden Interessen des Arbeitgebers selbst oder eines Dritten erforderlich ist.

Die Interessen des Arbeitgebers dürften ausser in den beiden obgenannten Sachverhalten diejenigen des Arbeitnehmers nie überwiegen. Hinsichtlich des Personaldossiers ist damit eine Verweigerung der Auskunft bis auf diese Ausnahmen ausgeschlossen, da auch das Interesse eines Dritten («Informantenschutz») dasjenige des betroffenen Arbeitnehmers kaum je überwiegen dürfte und keine formellen gesetzlichen Ausnahmen bestehen.

> Insbesondere besteht bei **Referenzauskünften** ein Anspruch des Arbeitnehmers auf Auskunft über deren Inhalt, damit er sich allenfalls dagegen zur Wehr setzen kann (vgl. über seine Rechtsansprüche Frage 28). Der in der Praxis oft erhobene Einwand, damit würden aussagekräftige Referenzauskünfte verunmöglicht, ist nicht berechtigt, da auch nachteilige Auskünfte zulässig sind, soweit sie einen Arbeitsplatzbezug aufweisen und belegt sind (vgl. Frage 58ff.).

Art. 15 DSG   Personaldossier
                                              Klagen

28. Wie können Arbeitnehmerin und Arbeitnehmer ihre Rechte am Personaldossier durchsetzen?

Nach Art. 5 DSG müssen die Daten richtig sein. Jede Arbeitnehmerin oder jeder Arbeitnehmer kann verlangen, dass unrichtige Daten **berichtigt** werden.

Art. 15 DSG verweist für **Klagen und Massnahmen** zum Schutz der Persönlichkeit auf die Art. 28ff. ZGB. Der Arbeitnehmer kann mit der Unterlassungsklage eine drohende Persönlichkeitsverletzung verhindern, mit der Beseitigungsklage eine bereits eingetretene Beeinträchtigung beseitigen und mit der Feststellungsklage sich die Unrechtmässigkeit einer Datenbearbeitung richterlich bestätigen lassen. Ausserdem stehen weitere Rechtsbehelfe wie Schadenersatz- und Genugtuungsklagen nach (vertraglichem oder ausservertraglichem) Schadenersatzrecht sowie vorsorgliche Massnahmen nach Massgabe von Art. 28c ZGB zur Verfügung.

Voraussetzung für die Geltendmachung des Anspruchs auf Berichtigung ist, dass der Arbeitgeber unrichtige Angaben über den Arbeitnehmer bearbeitet hat. Unerheblich ist, ob dies schuldhaft geschah. Bestreitet der Arbeitnehmer die Richtigkeit bestimmter Daten, so hat der Arbeitgeber die Pflicht, auf die Bearbeitung dieser Daten einstweilen zu verzichten **(Sperrung)**. Ein Anspruch des Arbeitnehmers auf **Vernichtung von Daten** aus der Personalakte besteht, wenn diese falsch oder widerrechtlich erhoben worden sind oder wenn der Aufbewahrungszweck entfallen ist (z.B. nach Abschluss des Bewerbungsverfahrens ohne Anstellung oder nach Beendigung des Arbeitsverhältnisses, vgl. aber Frage 32 zur Dauer der Aufbewahrungspflicht).

> Ein besonderes Klagebegehren stellt die Möglichkeit des **Bestreitungsvermerks** gemäss Art. 15 Abs. 2 DSG dar. Die Richtigkeit oder Unrichtigkeit von Tatsachenbehauptungen lässt sich, vor allem wenn diese mit Werturteilen verknüpft sind, nicht immer befriedigend beweisen. In solchen Fällen soll der Arbeitnehmer verlangen können,

dass bei den betreffenden Daten ein Bestreitungsvermerk angebracht wird. Auf diese Weise kann er seine eigene Beurteilung einer Information zur Geltung bringen, ohne die wesentlich einschränkendere und schwieriger durchsetzbare Berichtigung oder gar Vernichtung von Daten verlangen zu müssen.

| Art. 7 DSG | Personaldossier |
| Art. 8, 9 VDSG | Zugangsregelung |

29. Wer hat Zugang zum Personaldossier?

Nach Art. 7 DSG müssen Personendaten durch angemessene technische und organisatorische Massnahmen gegen **unbefugtes Bearbeiten geschützt** werden. Die Daten dürfen nur an jene Stellen gelangen, die daran ein berechtigtes Interesse haben. Auch **innerbetrieblich** gilt der Grundsatz, dass für jeden Datentransfer ein **arbeitsplatzbezogenes Interesse** vorhanden sein muss, sei es nun, das Teile des Personaldossiers vom Personaldienst an das Lohnbüro oder an den Linienvorgesetzten bzw. an einen Filialbetrieb ausgehändigt werden. Wer das Dossier ausgeliehen bekommt, übernimmt die Verantwortung für die betriebliche Diskretion.

Der Bundesrat hat in der Ausführungsverordnung zum DSG in den Art. 8 und 9 die notwendigen technischen und organisatorischen Massnahmen, die den Datenschutz insbesondere bei der automatisierten Bearbeitung von Personendaten gewährleisten sollen, aufgelistet (vgl. Anhang S. 152f.).

Art. 6 DSG — Personaldaten / Bekanntgabe ins Ausland

30. Dürfen Daten auch ins Ausland bekanntgegeben werden?

Nach Art. 6 DSG dürfen Personendaten nicht ins Ausland bekanntgegeben werden, wenn dadurch die Persönlichkeit des Arbeitnehmers **schwerwiegend gefährdet** würde, namentlich dann, wenn ein Datenschutz fehlt, der dem schweizerischen gleichwertig ist. Der Datenschutzbeauftragte[1] hat eine entsprechende Länderliste zu veröffentlichen.

Eine **Meldepflicht** gegenüber dem Eidgenössischen Datenschutzbeauftragten gemäss Abs. 2 und 3 des genannten Artikels entfällt, soweit die Arbeitnehmer von der Datenübermittlung Kenntnis haben. Ein internationales Unternehmen muss sich deshalb zwischen der Meldepflicht an den Datenschutzbeauftragten oder der Information der Arbeitnehmer entscheiden.

> Daten, deren Bearbeitung im Inland problemlos ist, können für die betroffenen Personen gefährlich werden, wenn sie ins Ausland bekanntgegeben werden. Zu denken ist etwa an Personalinformationen über die Angehörigkeit des Arbeitnehmers zu einer im entsprechenden Land nicht genehmen Religionsgemeinschaft.

---

[1] Vgl. Adresse im Anhang.

Art. 12 DSG — Personaldaten
Auskünfte gegenüber Dritten

31. Dürfen Informationen über Mitarbeiterinnen oder Mitarbeiter gegenüber Vermietern, Banken oder Amtsstellen auf Anfrage bekanntgegeben werden?

Anfragen von Banken, Kreditkartenorganisationen oder Vermietern über Mitarbeiter oder Mitarbeiterinnen bzw. deren Lohn dürfen nie ohne deren **Zustimmung** beantwortet werden. Lohndaten oder weitere das Arbeitsverhältnis betreffende Informationen sind vertraulich zu behandeln. Um nicht in jedem Fall zu Rückfragen gezwungen zu sein, kann die Ermächtigung zum voraus, generell durch betriebliche Regelung oder individuell mit einzelnen Mitarbeiterinnen oder Mitarbeitern, eingeholt werden.

Anfragen von **Amtsstellen** wie Organe der Sozialversicherung oder der (Fremden-)Polizei müssen in der Regel kraft **gesetzlicher Verpflichtungen** beantwortet werden. Um Missbräuchen vorzubeugen und auch aus Sorgfalts- und Beweisgründen empfiehlt es sich, schriftliche Anfragen zu verlangen und diese schriftlich zu beantworten.

Verletzungen der beruflichen Schweigepflicht werden gemäss Art. 35 DSG mit Haft oder Busse geahndet (vgl. «Strafbestimmungen»).

32. Was geschieht mit den Personalakten nach Beendigung des Arbeitsverhältnisses?

Nach Beendigung des Arbeitsverhältnisses gilt es folgende Unterscheidung zu beachten:

- **Akten, die der Arbeitgeber noch braucht**
  - für die Erstellung und Begründung eines qualifizierten Arbeitszeugnisses und die Erteilung von mündlichen Referenzauskünften, muss er bis zum Ablauf der zehnjährigen Verjährungsfrist aufbewahren (vgl. Frage 41);
  - gemäss den gesetzlichen Vorschriften hinsichtlich der verschiedenen Sozialversicherungen und der Lohnunterlagen, müssen bis zum Ablauf der entsprechenden Frist aufbewahrt werden (in der Regel 10 Jahre);
  - im Hinblick auf pendente Rechtsstreitigkeiten, wird er aufbewahren bis zu deren Beendigung, soweit er diese benötigt.

- **Akten, die dem Arbeitnehmer gehören**

  wie Originalzeugnisse (oder Kopien) und andere Bewerbungsunterlagen, müssen diesem zurückgegeben werden.

- **Akten, an denen der Arbeitgeber kein berechtigtes Interesse mehr hat,**

  wie zum Beispiel graphologische Gutachten und psychologische oder medizinische Tests und Untersuchungsberichte oder Qualifikationsunterlagen, müssen vernichtet werden.

Akten dürfen mit diesen Vorbehalten nur **im Einverständnis** des Arbeitnehmers zu Dokumentationszwecken weiter aufbewahrt werden. Der Arbeitnehmer hat auch nach seinem Austritt ein **Einsichtsrecht** in sein Personaldossier, solange dieses geführt wird.

Datenübermittlung im Arbeitszeugnis und in der Referenzauskunft

Im Zusammenhang mit dem Austritt und nach Beendigung des Arbeitsverhältnisses stellt sich die datenschutzrechtlich relevante Frage, inwieweit der Arbeitgeber **Daten über den Arbeitnehmer an Dritte weitergeben** darf, sei es im schriftlichen **Arbeitszeugnis** oder in der mündlichen **Referenzauskunft**. Was für Rechte haben Arbeitnehmerin und Arbeitnehmer aus der Sicht des Datenschutzes inbezug auf den Inhalt von Zeugnis und Referenzauskunft? Dürfen sie der Arbeitgeberin die Erstellung eines unbequemen Zeugnisses oder die Abgabe einer Referenzauskunft verbieten? Was für Kontrollrechte haben sie? Das Arbeitszeugnis gemäss Art. 330a OR und die im Gesetz nicht ausdrücklich geregelte Referenzauskunft führen in den Kern des Datenschutzes. Da überdies in der betrieblichen Praxis in diesen Fragen eine erhebliche Unsicherheit besteht, werden sie hier ausführlich behandelt.

Art. 330a OR — Arbeitszeugnis / Zweck

33. Was bezweckt der Gesetzgeber mit dem Arbeitszeugnis?

Der Gesetzgeber will mit Art. 330a OR dem Arbeitnehmer und der Arbeitnehmerin einen zwingenden Anspruch auf ein Arbeitszeugnis sichern, das ihr **berufliches Fortkommen** in Einklang mit ihren Fähigkeiten und Interessen fördert. Das bedeutet, dass ein Arbeitszeugnis einerseits der Wahrheit entsprechen, andererseits aber auch wohlwollend formuliert werden muss. Die beiden Begriffe «Wahrheitspflicht» und «Wohlwollen» werden in den Fragen 42 und 43 ausführlich erläutert. Die gesetzliche Regelung des Arbeitszeugnisses in Art. 330a OR weist zentrale Datenschutzaspekte auf (vgl. nachstehende Übersicht)!

Art. 330a OR auf einen Blick:

	Vollzeugnis
Absatz 1	Der Arbeitnehmer kann jederzeit vom Arbeitgeber ein Zeugnis verlangen, das sich über die Art und Dauer des Arbeitsverhältnisses sowie über seine Leistungen und sein Verhalten ausspricht.
	Arbeitsbestägigung
Absatz 2	Auf besonderes Verlangen des Arbeitnehmers hat sich das Zeugnis auf Angaben über die Art und Dauer des Arbeitsverhältnisses zu beschränken.

Datenschutzaspekte

- Nach Art. 4 und 5 DSG sowie gemäss Art. 328b OR müssen die bearbeiteten Daten insbesondere rechtmässig, verhältnismässig, objektiv und arbeitsplatzbezogen sein.

- Art. 330a OR präzisiert diese datenschutzrechtlichen Vorschriften für das Arbeitszeugnis: Im Vollzeugnis (Absatz 1) müssen Leistungen und Verhalten des Arbeitnehmers und der Arbeitnehmerin **wahrheitsgemäss** beurteilt werden; Angaben ohne **Arbeitsplatzbezug** sind unzulässig (vgl. dazu Frage 36). Bei der Arbeitsbestätigung (Absatz 2) wird dem Arbeitgeber getreu dem Grundsatz des **informationellen Selbstbestimmungsrechts** (vgl. Frage 1) eine Schweigepflicht auferlegt; die Arbeitsbestätigung hat sich auf Angaben über die Art (Funktion, Pflichtenheft) und Dauer des Arbeitsverhältnisses zu beschränken.

- Die Frage nach den **Mitwirkungsrechten** des Arbeitnehmers und der Arbeitnehmerin beantwortet Art. 330a OR eindeutig: Arbeitnehmer und Arbeitnehmerin bestimmen selber, ob sie ein Vollzeugnis oder eine Arbeitsbestätigung wollen; im Zweifelsfalle haben sie auch einen zwingenden Anspruch auf ein Vollzeugnis und eine Arbeitsbestätigung.

- Der Anspruch auf ein Zeugnis besteht «**jederzeit**»: während des Arbeitsverhältnisses auf ein Zwischenzeugnis und beim Austritt sowie bis zum Ablauf der Verjährungsfrist von 10 Jahren (vgl. Frage 41) auf das Schlusszeugnis.

Art. 5 DSG | Arbeitszeugnis
Art. 328b OR | Interessen Arbeitnehmer und Arbeitgeber

34. Wie können die Interessen des Arbeitnehmers sowie des bisherigen und neuen Arbeitgebers berücksichtigt werden?

Nur ein **wahrheitsgemässes** Zeugnis, welches die beruflichen Qualifikationen objektiv und detailliert beschreibt, kann dem Arbeitnehmer zu einer neuen Anstellung, die seinen Interessen und Fähigkeiten entspricht, verhelfen. Das krampfhafte Verschweigen und Verstecken von Schwächen, die früher oder später ohnehin zum Vorschein kommen und in vielen Fällen nur zur frühzeitigen Beendigung des neuen Arbeitsverhältnisses führen, helfen niemandem weiter. Hinzu kommt, dass der Arbeitnehmer ohnehin damit rechnen muss, dass die im Zeugnis verschwiegenen Mängel in der mündlichen Referenzauskunft zur Sprache kommen – und dagegen kann er sich vielfach nicht wehren (vgl. Fragen 58ff.).

Der bisherige Arbeitgeber seinerseits stellt sich in ein schlechtes Licht, wenn er schwerwiegende Mängel unerwähnt lässt, und macht sich unter Umständen auch haftbar (vgl. Frage 50).

Gutgeschriebene Arbeitszeugnisse vermitteln dem potentiellen neuen Arbeitgeber die Informationen über die Bewerberin, die er für seinen Einstellungsentscheid braucht und stellen damit die Weichen für das berufliche Fortkommen in Einklang mit ihren **Eignungen und Neigungen**.

Als Berufsdokument enthält das Arbeitszeugnis ausschliesslich **arbeitsplatzbezogene** Angaben und keinerlei Angaben über familiäre Verhältnisse, ausserberufliches Verhalten oder einmalige Begebenheiten zum Beispiel an einem Betriebsfest, die für die berufliche Qualifikation nicht von Bedeutung sind (vgl. auch Art. 328b OR, Frage 12).

Art. 4, 5 DSG   Arbeitszeugnis
                                                Aussagekraft

35. Was braucht es, damit ein Zeugnis eine hohe Aussagekraft bekommt?

Aussagekraft und praktischer Nutzen des Arbeitszeugnisses nehmen im gleichen Ausmass zu, wie beim Schreiben den folgenden Punkten Beachtung geschenkt wird:

- Ein Zeugnis muss der **Wahrheit** entsprechen und in allen Punkten objektiv sein;

- Alle Angaben im Zeugnis sollen so **detailliert** und ausführlich sein, dass Leser und Leserin sich ein klares Bild über Tätigkeiten, Entwicklung, besondere Leistungen, Stärken und Schwächen im Leistungs-, Verhaltens- und allenfalls im Führungsbereich machen können. Generelle subjektive Qualifikationen («stets voll zufrieden») sagen darüber nicht viel aus.

- Hilfreich und interessant zum Lesen sind **persönlich** geschriebene Zeugnisse, die sich deutlich von den codierten Standardformulierungen unterscheiden.

Arbeitszeugnis[1]

Peter Muster, geb. 15. Juni 1958, von Aarau, war vom 1. Oktober 1986 bis 31. Dezember 1993 als Sozialarbeiter beim Schutzaufsichtsamt tätig. Dessen gesetzlicher Auftrag richtet sich nach Art. 47 StGB und der Verordnung des Regierungsrates über die Schutzaufsicht. Im Rahmen dieser Aufgabe betreute er gegen hundert gerichtlich verurteilte oder durch die Untersuchungsorgane zugewiesene Klienten selbständig und in weitgehend eigener Verantwortung.

Sein Verantwortungsbereich umfasste im wesentlichen:

- Intensive Einzelfallhilfe in sachlichen und psychischen Problemsituationen;
- Hinwirken auf die soziale Eingliederung der zu betreuenden Klienten und deren Bezugspersonen nach den Grundsätzen der Sozialarbeit;
- Umfassende Schuldensanierungen und die damit verbundenen Budgetberatungen sowie Lohnverwaltungen;
- Berichterstattung an die Behörden der gesamten Strafrechtspflege und an Fürsorge- und Vormundschaftsbehörden.

Diese innerhalb der Sozialarbeit sehr schwierigen Aufgaben löste Peter Muster mit grosser fachlicher Kompetenz. Er zeichnete sich vor allem durch seine klare, differenzierte und speditive Arbeitsweise aus. Obwohl sehr schwierige und oft chaotisch wirkende Klienten zu betreuen waren, hat er den Gesamtüberblick nie verloren. Es gelang ihm auch, trotz manchmal notwendigen direktiven Massnahmen, das Vertrauen seiner Klienten zu gewinnen. Seine Entscheide waren stets den Verhältnissen angepasst.

Mit den verschiedenen Instanzen innerhalb der Strafrechtspflege sowie mit den übrigen involvierten Personen seiner Klienten pflegte Peter Muster einen regen und konstruktiven Kontakt. Er war immer bereit, ge-genteilige Ansichten anzuhören und zu respektieren, jedoch gleichzeitig unsere Interessen deutlich zu machen. Mit Interesse und Initiative hat er stets an Projekten und Konzepten, die das Amt betrafen, mitgearbeitet.

---

[1] Vgl. die nachstehenden Anmerkungen aus datenschutzrechtlicher Sicht.

Zudem war ihm seine fachliche und persönliche Weiterbildung ein wichtiges Anliegen.
Als Mitarbeiter war Peter Muster im Team und bei seinen Vorgesetzten sehr geschätzt, vor allem auch darum, weil er immer bereit war, seine eigene Position und Meinung reflektierend zu hinterfragen und seine Kritik stets konstruktiv war.
Peter Muster verlässt uns auf eigenen Wunsch, um eine leitende Stelle im Fürsorgebereich zu übernehmen. Wir bedauern seinen Weggang sehr und wünschen ihm für seine berufliche und private Zukunft alles Gute.

Ort und Datum
Amtsstelle
Unterschrift

Praxis-Beispiel: *Zeugnis für einen Sozialarbeiter*

Anmerkungen aus datenschutzrechtlicher Sicht
Zum Zeugnis Peter Muster, S. 83

Nach Art. 4, 5 DSG müssen alle Angaben im Arbeitszeugnis **objektiv richtig und verhältnismässig** sein. Das bedeutet insbesondere, dass

– im 1. Absatz **Angaben zur Person** soweit gemacht werden dürfen und müssen, als dies für die eindeutige Identifizierung erforderlich ist: Name, Geburtsdatum, Geburts- oder Heimatort. Problematisch ist die Anführung des Wohnortes, da dies z.B. bei regelmässigen Wohnortswechseln unstatthafte Einblicke in die privaten Lebensgewohnheiten ermöglicht;

– Tätigkeits- und Verantwortungsbereiche und Qualifikationen objektiv und **arbeitsplatzbezogen** beschrieben werden, soweit dies für einen potentiellen neuen Arbeitgeber von Interesse sein kann (Fach-, Methoden-, Sozial- und evtl. Führungskompetenz). Unverhältnismässig wäre die Erwähnung von einmaligen und atypischen Vorkommnissen;

– bei Kündigungen durch die Mitarbeiterin oder den Mitarbeiter der **Kündigungsgrund** in Absprache mit diesen anzugeben ist. Dies gilt z.B. bei Kündigungen «aus familiären Gründen»; in einem Arbeitszeugnis dürfen ohne Einverständnis der Mitarbeiterin keine ausserberuflichen Angaben gemacht werden.

Art. 330a OR — Arbeitszeugnis
Qualifiziertes Vollzeugnis

36. Was ist ein Vollzeugnis (qualifiziertes Zeugnis)?

Der Arbeitnehmer und die Arbeitnehmerin haben nach Art. 330a OR Anspruch auf ein (qualifiziertes) Vollzeugnis, das sich objektiv und vollständig in klaren und unzweideutigen Formulierungen über die **Art und Dauer des Arbeitsverhältnisses** sowie über ihre **Leistungen** und ihr **Verhalten** ausspricht. Es ist beispielsweise unzulässig, keine Ausführungen über das Verhalten zu machen und damit dem geübten Zeugnisleser zu signalisieren, dass in diesem Bereich nicht alles zum besten stand (über die Kunst des Lesens von Arbeitszeugnissen vgl. Frage 56). Über die wichtigsten Punkte in einem Arbeitszeugnis orientieren der nachstehende Zeugnisraster sowie das Praxis-Beispiel eines qualifizierten Zwischenzeugnisses:

Auf einen Blick:

Inhalt	Zulässig	Unzulässig
Angaben zur Person	Name, Titel, Geburtsdatum, Geburts- oder Heimatort	Zivilstand, Angaben über die privaten Lebensverhältnisse
Aufgabenbeschreibung	Anstellungsdauer Funktion (Hierarchie) Entwicklung im Betrieb, Aufgaben, Kompetenzen, Verantwortung Weiterbildung	Verweigerte Arbeitsleistungen ausserhalb des Arbeitsvertrages
Leistungsbeurteilung (Fach- und Methodenkompetenz)	Fachkenntnisse und ihre Anwendung Arbeitseinsatz und Arbeitsweise Berufsspezifische Qualifikationen Besondere Erfolge, Leistungen	Verschweigen von positiven und negativen Qualifikationen, die der neue Arbeitgeber kennen muss Codierte, zweideutige Formulierungen (z.B. «er/sie bemühte sich…») Erwähnen von einmaligen, nicht charakteristischen oder nicht arbeitsplatzbezogenen Fehlleistungen (z.B. über Fehlverhalten an einem Betriebsfest) Negative Beurteilungen, welche der Arbeitgeber nicht beweisen kann und/oder die er dem Arbeitnehmer nie vorgehalten hat Hinweis auf persönliche Umstände, welche die Arbeitsleistung negativ beeinflussen (z.B: «aus familiären Gründen liessen ihre/seine Leistungen nach.»)

Inhalt	Zulässig	Unzulässig
Verhaltensbeurteilung (Sozialkompetenz)	Verhalten gegenüber Mitarbeitern, Untergebenen, Vorgesetzten und Kunden Zusammenarbeit im Team und mit Vorgesetzten (z.B. konstruktiv, hilfsbereit, teamorientiert)	Verschweigen von Störungen in der Zusammenarbeit und im Arbeitsablauf, die der Arbeitnehmer nachweislich verursacht hat Negative Beurteilungen über die Zusammenarbeit, wenn die Verantwortung für die Störungen ebenso beim Vorgesetzten oder beim übrigen Team liegt Verschlüsselte Botschaften mit einem Nebensinn (z.B. «er/sie verfügt über ein ausgeprägtes Einfühlungsvermögen» mit dem Nebensinn «suchte Kontakt zum anderen Geschlecht», «war schwatzhaft»)
Führungsbeurteilung (Führungskompetenz)	Vorbildrolle Motivierendes Verhalten Kooperation mit anderen Führungskräften Durchsetzungsvermögen Kommunikationsfähigkeit Fähigkeit zur Konfliktschlichtung	Fehler, für die der Arbeitgeber verantwortlich ist, dürfen nicht dem zu beurteilenden Vorgesetzten angelastet werden (z.B. unklare Führungsstrukturen, Beförderung in Führungsposition ohne Sicherstellung der notwendigen Weiterbildung, mangelnde Unterstützung oder Verweigerung der entsprechenden Kompetenzen)

Inhalt	Zulässig	Unzulässig
Austrittsgrund	eindeutiger Hinweis, wer das Arbeitsverhältnis gekündigt hat Hinweis darauf, dass Entlassung aus «betrieblichen Gründen» erfolgte, soweit dies zutrifft	Hinweis auf den Entlassungsgrund, wenn dieser nicht «zur Würdigung des Gesamtbildes des Arbeitnehmers beiträgt» (z.B. im Falle einer Veruntreuung) Hinweis darauf, dass das Arbeitsverhältnis «wegen Familiengründung» beendet wird, wenn die Arbeitnehmerin damit nicht einverstanden ist (das Arbeitszeugnis ist ein Berufsdokument!)
Grussformel	Bedauern des Austrittes, danken für die Arbeitsleistung und entbieten der guten Wünsche für die Zukunft	
Datum und Unterschriften	i.d.R. Zeichnungsberechtigter, Linienvorgesetzter und, soweit vorhanden, Personalabteilung oder sonst der Geschäftsinhaber	

Zwischenzeugnis

Herr Michael Kaufmann, geboren am 1.3.1973 in Biel, trat am 1.8.1989 als Feinmechaniker-Lehrling in unsere Dienste. Die Lehre wurde am 31.7.1993 mit der Gesamtnote «sehr gut» beendet.

Herr Kaufmann arbeitete anschliessend in unserer Betriebsabteilung Verpflegungsautomaten als Facharbeiter bei der Montage von Verpflegungsautomaten. Nach seiner Rückkehr aus der Rekrutenschule im Juli 1994 bat er darum, für kaufmännische Tätigkeiten umgeschult zu werden. Wir haben diesem Wunsch Rechnung getragen und ihn per 1.9.1994 zur innerbetrieblichen Umschulung der Kundendienstabteilung Büromaschinen zur Ausbildung als Kundendienstmechaniker für eine Dauer von 6 Monaten zugeteilt. In dieser Zeit wurde er mit allen Büroarbeiten, die in einer Kundendienstabteilung anfallen, vertraut gemacht, insbesondere mit Fragen der Kundendienstberatung, der Einarbeitung an unseren Erzeugnissen, der Fakturierung bei der Ersatzteilbeschaffung sowie der Führung der Kundenkartei. Da Herr Kaufmann zugleich über ein gutes mündliches und schriftliches Ausdrucksvermögen verfügt, konnte er schon während der Umschulungszeit im Aussendienst eingesetzt werden. Die Umschulung konnte am 28.2.1995 erfolgreich abgeschlossen werden. Seither arbeitet Herr Kaufmann als technischer Kundenberater in unserem Aussendienst.
Wir haben Herrn Kaufmann als aufgeschlossenen und zuverlässigen Mitarbeiter kennengelernt, der seine Arbeit stets mit überdurchschnittlicher Initiative, gründlich und speditiv erledigt. Seine sehr guten Fachkenntnisse sowohl im technischen wie im kaufmännischen Bereich, seine hohe Einsatzbereitschaft sowie seine unkomplizierte Wesensart haben ihn zu einem äusserst wertvollen technischen Kundenberater werden lassen. Seine konstruktive und hilfsbereite Zusammenarbeit mit Mitarbeitern und Vorgesetzten dürfen als vorbildlich bezeichnet werden. Die Kundschaft schätzt sein kompetentes, freundliches und sicheres Auftreten.

> Herr Kaufmann befindet sich bei uns im ungekündigten Arbeitsverhältnis; wir hoffen, noch lange auf seine Dienste zählen zu dürfen. Dieses Zwischenzeugnis wurde auf seinen Wunsch im Hinblick auf eine berufsbegleitende höhere kaufmännische Weiterbildung ausgestellt.
>
> Ort und Datum
> Firma
> Unterschrift

Praxis-Beispiel: *Qualifiziertes Zwischenzeugnis eines technischen Kundenberaters*

Anmerkungen aus datenschutzrechtlicher Sicht

Unzulässig, weil nicht arbeitsplatzbezogen im Sinne von Art. 328b OR, wären die folgenden Angaben:

- Herr Kaufmann habe infolge einer Gefängnisstrafe wegen wiederholten Fahrens in angetrunkenem Zustand während drei Monaten dem Arbeitsplatz fern bleiben müssen;
- er sei an einem Betriebsfest in angeheitertem Zustand negativ aufgefallen;
- als leidenschaftlicher Fussballer an Grümpelturnieren müsse bei ihm mit einer erhöhten Unfallgefahr gerechnet werden;
- Herr Kaufmann lebe mit seiner Freundin im Konkubinat und sie hätten gemeinsam ein uneheliches Kind;
- er habe sich geweigert, bei einer Volksabstimmung den Empfehlungen des Unternehmens Folge zu leisten;
- er falle immer wieder durch gewerkschaftliche Tätigkeiten im Betrieb auf.

Art. 330a Abs. 2 OR — Arbeitszeugnis — Einfaches Zeugnis (Arbeitsbestätigung)

37. Was ist eine Arbeitsbestätigung (einfaches Zeugnis)?

Auf besonderes **Verlangen des Arbeitnehmers und der Arbeitnehmerin** hat sich das Zeugnis auf Angaben über die **Art und Dauer des Arbeitsverhältnisses** zu beschränken. Das bedeutet, dass in diesem einfachen Zeugnis («Arbeitsbestätigung») keinerlei – weder direkt noch indirekt – Beurteilungen vorgenommen werden dürfen. Ein ausdrücklicher Hinweis auf eine fristlose Entlassung wegen Unterschlagung ist deshalb unzulässig. Auch die Arbeitsbestätigung soll hingegen das Pflichtenheft und einen Schlusssatz enthalten.

Arbeitnehmer und Arbeitnehmerin werden eine Arbeitsbestätigung verlangen, wenn die Beurteilung negativ ausfallen müsste. Dabei müssen sie sich jedoch bewusst sein, dass Arbeitsbestätigungen nach einer Anstellungsdauer von mehr als einem halben Jahr besonders in qualifizierten Berufen einen **negativen Eindruck** hinterlassen und die Vermutung nahelegen, dass in diesem Arbeitsverhältnis etwas schief gelaufen ist.

Arbeitsbestätigung

Frau Regula Huber, geboren am 4. Februar 1966, von Bülach ZH, arbeitete vom 1. Januar 1993 bis 31. März 1993 als Sekretärin/Sachbearbeiterin in unserem Direktionssekretariat.

Ihr Aufgabengebiet umfasste im wesentlichen:

- Telefondienst
- Postein- und -ausgang
- Korrespondenz, allgemeine administrative Arbeiten mittels EDV.

Wir danken Frau Huber für die geleisteten Dienste und wünschen ihr für ihre Zukunft alles Gute.

Ort und Datum
Firma
Unterschrift

Praxis-Beispiel: *Arbeitsbestätigung für eine Sekretärin*

Anmerkungen aus datenschutzrechtlicher Sicht

Bei der Arbeitsbestätigung auferlegt die Arbeitnehmerin dem Arbeitgeber eine **Schweigepflicht** über ihre Qualifikationen. Die Regelung in Art. 330a OR, welche der Arbeitnehmerin das Recht auf eine Arbeitsbestätigung gewährt, entspricht dem datenschutzrechtlichen Grundsatz des **informationellen Selbstbestimmungsrechts** (vgl. Frage 1).

| Art. 330a OR | Arbeitszeugnis |
| Art. 341, 362 OR | Zwingender Anspruch |

38. Ist der Anspruch des Arbeitnehmers und der Arbeitnehmerin auf ein Zeugnis zwingend?

Ja, der Anspruch ist **zwingend** und kann notfalls vor Gericht durchgesetzt werden. Vertragliche Abmachungen, die den Arbeitgeber von der Pflicht zur Ausstellung eines Zeugnisses entbinden oder diese von guten Leistungen des Arbeitnehmers und der Arbeitnehmerin abhängig machen, sind ungültig. Anders gesagt: Arbeitnehmer können während des Arbeitsverhältnisses (und auch noch während eines Monates nach der Beendigung) nicht rechtsgültig auf das Arbeitszeugnis verzichten (Art. 341 und 362 OR).

Art. 330a OR — Arbeitszeugnis
Bestimmungsrecht

39. Wer bestimmt, ob ein Vollzeugnis oder eine blosse Arbeitsbestätigung ausgestellt wird?

Art. 330a OR bestimmt ausdrücklich, dass der **Arbeitnehmer und die Arbeitnehmerin** selber bestimmen können, ob sie ein Vollzeugnis oder eine Arbeitsbestätigung wollen. Sie haben auch das Recht, beides zu verlangen. Oft ist es so, dass die Arbeitsbestätigung nachträglich verlangt wird, weil das Arbeitszeugnis nicht zu befriedigen vermag. Diese Regelung entspricht dem **informationellen Selbstbestimmungsrecht** der Arbeitnehmer (vgl. Frage 1).

Da Arbeitnehmer und Arbeitnehmerinnen die Bedeutung des Unterschiedes zwischen Vollzeugnis und Arbeitsbestätigung vielfach nicht genügend kennen, sind sie von den Personalverantwortlichen oder Vorgesetzten bei ihrer Entscheidung darüber **aufzuklären**.

Art. 330a OR — Arbeitszeugnis / Zeitpunkt

40. Wann muss das Zeugnis ausgestellt werden?

Arbeitnehmer und Arbeitnehmerin haben gemäss Art. 330a OR «jederzeit» einen Anspruch auf ein Zeugnis. Das bedeutet, sie haben Anspruch auf:

- ein **Zwischenzeugnis** während des Arbeitsverhältnisses;
- ein **Arbeitszeugnis beim Austritt**, das ihnen spätestens am letzten Arbeitstag übergeben werden muss. Fairerweise wird das Arbeitszeugnis dem Arbeitnehmer ein paar Tage vor dem Austritt ausgehändigt, damit dieser noch Gelegenheit zur Stellungnahme hat, solange er noch im Unternehmen arbeitet (vgl. Frage 51).
- ein Arbeitszeugnis **nach dem Austritt bis zum Ablauf der Verjährungsfrist** (vgl. Frage 41).

Art. 127 OR — Arbeitszeugnis / Verjährung

41. Wann ist der Anspruch auf das Arbeitszeugnis verjährt?

Obwohl sich die Juristen nicht ganz einig sind, beträgt die Verjährungsfrist nach vorherrschender Auffassung und Praxis **10 Jahre** (Art. 127 OR). Während dieser Zeit können Arbeitnehmer berechtigte Zeugnis-Korrekturen und -Ergänzungen notfalls gerichtlich durchsetzen. Wenn sie ihr Zeugnis verloren haben, muss ihnen der Arbeitgeber ein Duplikat erstellen. Die Unternehmen sind verpflichtet, die Personalakte solange aufzubewahren, dass sie aufgrund der Unterlagen auch nach dem Ausscheiden der seinerzeitigen Vorgesetzten noch in der Lage sind, Zeugnisse zu erstellen und Referenzauskünfte zu erteilen (vgl. Frage 32).

Beispiel:
Ein Zeugnis, ausgestellt am 15.1.1995, kann vom Arbeitnehmer bis zum 14.1.2005 gerichtlich angefochten werden.

Art. 330a OR
Art. 5 DSG

Arbeitszeugnis
Wahrheitspflicht

42. Was bedeutet «Wahrheitspflicht»?

Entgegen einer weitverbreiteten Meinung hat der Arbeitnehmer nur Anspruch auf ein **wahrheitsgemässes Zeugnis** und nicht auf ein gutes. Der Zeugnisschreiber ist verpflichtet, Leistungen und Verhalten des Arbeitnehmers **objektiv** zu beurteilen. Soweit für das Arbeitsverhältnis charakteristische Leistungen oder das Verhalten nach verkehrs- und branchenüblichem Massstab unterdurchschnittlich sind, sind negative Aussagen im Arbeitszeugnis am Platz (vgl. Fragen 43ff.).
Wesentliche Negativpunkte sind etwa

- **deliktisches** Verhalten wie Vermögensdelikte, sexuelle Belästigung am Arbeitsplatz;
- absolut **ungenügende fachliche Qualifikationen**;
- **schwerwiegende Probleme mit der Zusammenarbeit** in einem Team;
- **gesundheitliche** Probleme, Suchtkrankheiten, die sich am Arbeitsplatz spürbar auswirken (es genügt ein Hinweis auf «gesundheitliche Probleme»).

Unterdurchschnittliche Qualifikationen im Arbeitszeugnis setzen jedoch immer voraus, dass diese mit dem Arbeitnehmer im Verlaufe des Arbeitsverhältnisses **besprochen** worden sind und vom Arbeitgeber **belegt** werden können (vgl. Frage 51).

Arbeitszeugnis

Urs Gross, geboren am 5. Mai 1961, von Bern, war vom 1. März 1990 bis zum 17. Juni 1993 als Mitarbeiter in unserer Abteilung Zahlungsverkehr tätig.
Sein Aufgabengebiet umfasste im wesentlichen:

- Vorbereiten, Disponieren, Eingeben und Kontrollieren von Zahlungsaufträgen in Fremdwährung am RTB-System
- Verarbeiten von Swift-Aufträgen
- Treffen von Abklärungen für Kundengutschriften
- Betreuen der Hot-Line

Wir können Herrn Gross das Zeugnis eines sehr belastbaren, pflichtbewussten und hilfsbereiten Mitarbeiters ausstellen. Dank seinem guten Fachwissen konnte er auch schwierige Aufgaben selbständig lösen. Herr Gross wurde aufgrund seiner freundlichen Art und seiner kollegialen und kooperativen Zusammenarbeit von Mitarbeitern und Vorgesetzten sehr geschätzt.
Die vorangehende Beurteilung wird durch einen Vorfall leider beeinträchtigt. Wir mussten Herrn Gross am 17. Juni 1993 fristlos entlassen, nachdem sich herausgestellt hatte, dass er Geschäfte mit unrechtmässigen Kursanwendungen auf seinen eigenen Fremdwährungskonten abwickelte. Soweit wir Herrn Gross kennen, sind wir indessen der Meinung, dass er die Lehre aus diesem Vorfall gezogen hat, und wir hoffen mit Grund, dass es bei dieser einen Entgleisung bleibt.

Für seine weitere Zukunft wünschen wir ihm alles Gute.

Ort und Datum
Firma
Unterschrift

Praxis-Beispiel: *Zeugnis für einen Bankangestellten nach fristloser Entlassung*

Anmerkungen aus datenschutzrechtlicher Sicht

Sowohl Art. 5 DSG wie auch Art. 330a OR verpflichten den Zeugnisschreiber zu objektiven, wahrheitsgemässen Angaben, in diesem Fall zum Hinweis auf die widerrechtlichen Aktivitäten des Bankangestellten, die zur fristlosen Entlassung geführt haben. Dem Grundsatz des Wohlwollens wird mit der günstigen Zukunftsprognose beispielhaft Rechnung getragen.

Art. 4 DSG

Arbeitszeugnis
Wohlwollen

43. Was bedeutet «Wohlwollen»?

«Wohlwollen» bedeutet keineswegs, dass negative Qualifikationen des Arbeitnehmers unterdrückt werden und dieser trotz schlechter Leistungen in den höchsten Tönen gelobt wird (um ihn wegzuloben). Richtig verstanden kann «Wohlwollen» nichts anderes bedeuten, als den Arbeitnehmer entsprechend seinen **Eignungen und Neigungen** zu beurteilen, womit am ehesten erreicht wird, dass er eine neue Stelle findet, die ihm zusagt und deren Anforderungen er erfüllt. Ein Zeugnis trägt dann zu einer sinnvollen beruflichen Weichenstellung bei, wenn es das **Stärke-Schwäche-Profil** des Arbeitnehmers wiedergibt. Erfahrungsgemäss nützt es dem Arbeitnehmer wenig, wenn gravierende Mängel verschwiegen werden und damit zum vornherein absehbar ist, dass er auch in der nächsten Anstellung, die nicht seinen Fähigkeiten entspricht, wieder zum Scheitern verurteilt sein wird.

Wohlwollen bedeutet hingegen sehr wohl, dass auch bei einem Arbeitszeugnis mit berechtigten negativen Aussagen die positiven Qualifikationen oder guten Leistungen, die vielleicht schon eine Weile zurückliegen, nicht «vergessen» werden. Wichtig ist auch, dass einmalige oder seltene Vorkommnisse nicht erwähnt werden, wie z.B.

– seltenes Zuspätkommen

– seltene Versäumnisse

– seltene Streitigkeiten.

Arbeitszeugnis

Frau Urska Bicanin, geboren am 1.11.1953, jugoslawische Staatsangehörige, war vom 1. August 1989 bis 30. April 1991 als Hebamme an unserer Klinik tätig.
In dieser Zeit haben wir Frau Bicanin kennengelernt als eine Hebamme, die den Gebärenden mit grosser Hingabe zur Seite steht. Ihre Umgangsformen sind ausserordentlich korrekt und auch liebenswürdig. Gelegentlich bereitete ihr der sprachliche Umgang mit den Patientinnen etwas Mühe, bzw. hatte man den Eindruck, dass die Frauen ihre Anleitungen aus diesem Grund nicht immer voll verstanden haben. Bei direkter Unterhaltung war es oft schwierig abzuschätzen, ob man restlos verstanden worden ist. In einem so sensiblen Bereich wie der Geburtshilfe bedarf es einer diskreten sprachlichen Unterstützung. Weitere Verbesserungen im sprachlichen Bereich sind mit Sicherheit zu erwarten.
Im geburtshilflichen Bereich war Frau Bicanin (als erfahrene Hebamme mit vielen Geburten) immer dort sicher und überzeugend, wo es um die Leitung einer normalen Geburt ging. Auch der Übergang zur operativen Geburtsbeendigung wird gut beherrscht, vor allem, wenn kein Zeitdruck besteht. Verbesserungen sind aber unbedingt erforderlich bei neueren geburtshilflichen Technologien, wie sie hierzulande üblich sind. Beispiele sind die Interpretation des Kardiotokogramms, wo gelegentlich wissensmässige Lücken bestehen, oder der ganze Bereich der Neonatologie.
Zusammenfassend lässt sich sagen, dass Frau Bicanin eine sehr nette, mit Hingabe arbeitende, teamfähige und erfahrene Hebamme mit guten Umgangsformen ist. Aufgrund gewisser sprachlicher Probleme und notwendiger Weiterbildung im Bereich der modernen Geburtshilfe sollte sie aber in einem grösseren Team und nicht alleine arbeiten. Viele jugoslawisch sprechende Frauen kann sie ausgezeichnet unterstützen.

Im grösseren Team, mit einer zweiten Hebamme im Hintergrund, können wir ihren Einsatz als Hebamme auch unter schweizerischen Verhältnissen durchaus bejahen.

Frau Urska Bicanin verlässt uns infolge Wohnortwechsels auf eigenen Wunsch. Wir danken ihr für ihre geleisteten Dienste an unserer Klinik und wünschen ihr für ihre berufliche und private Zukunft alles Gute.

Ort und Datum
Klinik
Unterschrift

Praxis-Beispiel: *Zeugnis für eine Hebamme*

Anmerkung aus datenschutzrechtlicher Sicht

Das Zeugnis für Frau Bicanin illustriert, wie die Wahrheitspflicht in verantwortungsvoller Weise mit dem Grundsatz des Wohlwollens bzw. mit dem Verhältnismässigkeitsprinzip nach Art. 4 DSG verknüpft wird: Ihre Schwächen werden in einer nicht verletzenden Art beschrieben und gleichzeitig wird sie aufgrund ihrer positiven Qualifikationen für eine Tätigkeit in einem grösseren Team empfohlen.

| Art. 4 DSG | Arbeitszeugnis |
| Art. 328b OR | Familiäre Umstände |

44. Dürfen auch «familiäre Umstände» im Zeugnis erwähnt werden?

Das Arbeitszeugnis ist ein Berufsdokument. Vorkommnisse, die keinen direkten **Arbeitsplatzbezug** aufweisen, sind im Arbeitszeugnis fehl am Platz (Art. 4 DSG, Art. 328b OR). Zeugnisschreiber dürfen sich auch nicht sogenannte «Sozialdiagnosen» anmassen, indem sie etwa nachlassende Leistungen in Zusammenhang mit einem Scheidungsverfahren oder einem Todesfall in der Familie bringen. Arbeitnehmerinnen müssen und sollen Formulierungen wie «Aus familiären Gründen waren ihre Leistungen in der letzten Zeit schwankend» nicht akzeptieren, da sie bei einem neuen Arbeitgeber Misstrauen erwecken: «Familiäre Probleme» kann es immer geben und es wird befürchtet, dass der Arbeitnehmer zu wenig belastbar sei oder seine familiären Probleme in das Unternehmen mitbringe. Wenn eine Mitarbeiterin ihre Stelle wegen der bevorstehenden Geburt eines Kindes aufgibt, darf dies nur mit ihrem Einverständnis als Austrittsgrund angegeben werden («verlässt uns auf eigenen Wunsch wegen bevorstehender Familiengründung»).

45. Was muss, soll und darf im Arbeitszeugnis stehen?

Zusammenfassend kann die Frage, inwieweit negative Qualifikationen im Arbeitszeugnis erwähnt werden «müssen/dürfen/sollen», so beantwortet werden:

Müssen: **Risiken** in der Person des Arbeitnehmers, die sich im Unternehmen der Zeugnisschreiberin realisiert haben und die der neue Arbeitgeber kennen muss, damit die Entstehung von **Schaden** verhindert werden kann (z.B. Vermögensdelikte eines Bankangestellten, Alkoholprobleme eines Berufschauffeurs).

Dürfen: Alle **arbeitsplatzbezogenen** und charakteristischen Qualifikationen, die **beweisbar** sind und mit dem Arbeitnehmer im Verlaufe des Arbeitsverhältnisses **besprochen** worden sind. Es ist unzulässig, negative Qualifikationen, die dem Arbeitnehmer nie vorgehalten worden sind, erstmals im Arbeitszeugnis zur Sprache zu bringen.

Sollen: Die Frage, inwieweit weniger schwerwiegende Qualifikationen im Arbeitszeugnis erwähnt werden sollen, kann nicht generell beantwortet werden. Auszugehen ist stets vom **Zweck des Zeugnisses**, dem Arbeitnehmer zu einer Anstellung zu verhelfen, die seinen Interessen und Fähigkeiten entspricht, und anderseits von der Frage, was der potentielle neue Arbeitgeber über diesen konkreten Arbeitnehmer legitimerweise wissen sollte.

Art. 5 DSG
Art. 330a OR

Arbeitszeugnis
Volle Zufriedenheit

46. Hat der Arbeitnehmer Anspruch auf die Formulierung, dass der Arbeitgeber mit seinen Leistungen «stets voll zufrieden» war?

Nein. Abgesehen davon, dass solch generelle subjektive Beurteilungen wenig aussagekräftig sind und vermieden werden sollen (vgl. Frage 35), kann der Zeugnisschreiber nie zu günstigen subjektiven Werturteilen gezwungen werden. Dazu die Original-Begründung in einem Urteil des Arbeitsgerichtes Zürich[1].

> «Man kann sich sehr wohl vorstellen, dass ein Arbeitnehmer überdurchschnittliche, ja ausgezeichnete Arbeit liefert, der Arbeitgeber aber trotzdem unzufrieden mit ihm ist, weil er eben gewisse, ganz persönliche Anforderungen stellt, die der Arbeitnehmer nicht zu erfüllen vermag. In einem solchen Fall geht es nicht an, vom Arbeitgeber eine ihm offensichtlich widerstrebende Äusserung der Zufriedenheit zu verlangen (...). Hingegen steht für das Gericht fest, dass die Leistungen des Arbeitnehmers unter Massgabe der branchenüblichen Kriterien ohne Zweifel als gut qualifiziert werden müssen. Der Arbeitgeber ist somit zur Formulierung verpflichtet: **Seine Leistungen waren gut.**»

[1] Schürer, Arbeitsrecht in der Gerichtspraxis, Bd. 1, Abschnitt 12.1c S. 6.

Art. 4, 5 DSG
Art. 330a OR

Arbeitszeugnis
Kündigungsgrund

47. Gehört der Kündigungs- bzw. Austrittsgrund ins Arbeitszeugnis?

Der Mitarbeiter hat bei **eigener Kündigung** Anspruch darauf, dass der Kündigungsgrund im Zeugnis genannt wird. Von grösster Bedeutung ist der eindeutige Hinweis, dass er «die Stelle auf eigenen Wunsch verlässt» oder, soweit zutreffend, dass «sein Austritt bedauert wird».

Bei einer **Entlassung** gehört der Kündigungsgrund nur dann in das Zeugnis, wenn es «zur **Würdigung des Gesamtbildes** des Mitarbeiters» beiträgt, wie die Gerichte sagen. Das heisst, wenn gravierende Pflichtverletzungen zur Entlassung geführt haben, die der mögliche neue Arbeitgeber kennen muss, damit er nicht mit der Einstellung des Mitarbeiters in Unkenntnis der früheren Vorkommnisse unzumutbare Risiken eingeht.

Der Zeugnisaussteller ist an den **angegebenen Grund gebunden**. Wird z.B. einem Arbeitnehmer entgegenkommend bescheinigt, die Kündigung sei aus wirtschaftlichen Gründen ausgesprochen worden, und sieht das Pensionskassenreglement für diesen Fall zusätzliche Leistungen vor, kann der Arbeitnehmer diesen Anspruch geltend machen.

Praxis-Beispiel:

Der Kläger verlangte die Streichung des folgenden Absatzes:

«Auf den 30. Juni 1983 wurde der Arbeitsvertrag mit Wirkung per 30. September 1983 aufgelöst; während der Dauer der Kündigungsfrist verzichteten wir mit sofortiger Wirkung auf die weiteren Dienste von Herrn G., da inzwischen Sachverhalte zu unserer Kenntnis gelangten, die eine solche Massnahme als notwendig erscheinen liess.»

Aus dem Urteil:

«Es ist daher zu prüfen, ob der Kläger Anspruch auf ein Zeugnis auch ohne diesen Passus habe. Grundsätzlich hat ein Arbeitnehmer **nur Anspruch auf ein wahrheitsgemässes Zeugnis**; als solches soll es dem Fortkommen des Arbeitnehmers dienlich sein. Innerhalb des Beurteilungsermessens ist daher das Zeugnis **wohlwollend** zu formulieren. Der **Beendigungsgrund** des Arbeitsverhältnisses ist nur notwendiger Bestandteil des Arbeitszeugnisses, wenn es zur **Würdigung des Gesamtbildes** des Arbeitnehmers beiträgt (z.B. Veruntreuung im Betrieb); im übrigen ist er nur auf **Wunsch des Arbeitnehmers** zu erwähnen. Im vorliegenden Fall ist die Aktenlage nicht ausreichend, um die Vorwürfe des Beklagten zu beweisen. Es kann daher auch nicht geltend gemacht werden, die Wahrheitspflicht gebiete es, einen zukünftigen Arbeitgeber zwischen den Zeilen vor dem Kläger zu warnen. Dem Antrag des Klägers ist stattzugeben. Die Beklagte ist daher zu verpflichten, dem Kläger das Zeugnis **ohne diesen letzten Passus** auszustellen.» (Schürer, Arbeitsrecht in der Gerichtspraxis, Bd. 1, Abschnitt 12.1a S. 1)

Art. 5 DSG
Art. 330a OR

Arbeitszeugnis
Übereinstimmung mit Kündigungsbegründung

48. Muss das Arbeitszeugnis mit der Begründung einer Entlassung übereinstimmen?

Unbedingt. Der Arbeitgeber verschlechtert bei einer gerichtlichen Anfechtung einer Kündigung seine Position, wenn er einerseits einen Mitarbeiter wegen ungenügender Leistungen entlassen hat, diesem jedoch im Zeugnis gute Leistungen und einwandfreies Verhalten attestiert hat. Der Arbeitgeber muss sich das von ihm ausgestellte Zeugnis entgegenhalten lassen, auch wenn er sich darauf beruft, es handle sich dabei um ein Gefälligkeitszeugnis im Interesse des Arbeitnehmers. Auch wenn das Zeugnis der freien Beweiswürdigung des Gerichtes unterliegt, ist es jedenfalls heikel, wenn sich der Arbeitgeber selbst der Ausstellung eines falschen Zeugnisses bezichtigen muss. Seit der Einführung der Begründungspflicht einer Kündigung gilt ganz klar: **Eine harte Kündigungsbegründung muss im Arbeitszeugnis ihren Niederschlag finden.**

Beispiele von Kündigungsbegründungen im Arbeitszeugnis[1]:

- Das Arbeitsverhältnis musste seitens der Firma wegen einer Veruntreuung des Arbeitnehmers zu Lasten des Arbeitgebers gekündigt werden.
- Das Arbeitsverhältnis musste seitens des Arbeitgebers gekündigt werden, weil der Arbeitnehmer erhebliche Alkoholprobleme hatte.
- Das Arbeitsverhältnis musste von uns wegen schwerwiegender gesundheitlicher Probleme des Angestellten gekündigt werden.
- Das Arbeitsverhältnis musste gekündigt werden wegen schwerwiegenden Differenzen des Arbeitnehmers mit den Mitarbeitern.
- Wir sahen uns gezwungen, das Arbeitsverhältnis wegen mangelnder Teamfähigkeit des Arbeitnehmers aufzulösen.

[1] Aus Class/Bischofberger, Das Arbeitszeugnis, S. 29., Verlag des SKV.

Art. 5 DSG — Arbeitszeugnis
Vor- und Rückdatieren

49. Wenn das Arbeitszeugnis bereits einen Monat vor dem Austritt oder erst einige Wochen später ausgestellt wird: Soll und darf vor- oder rückdatiert werden?

Nach einem Urteil des Arbeitsgerichtes Zürich soll das **Ausstelldatum mit dem Austrittsdatum übereinstimmen**, wenn das Zeugnis erst zu einem späteren Zeitpunkt (neu) ausgestellt wird. Sonst entsteht der nachteilige Eindruck, es sei um das Zeugnis noch gestritten worden (Schürer, Arbeitsrecht in der Gerichtspraxis, Bd. 1, Abschnitt 12.1d S. 1). Es kann demnach gesagt werden, dass rückdatieren (analog auch vordatieren) im Interesse des Arbeitnehmers zulässig ist, sofern damit nicht bewusst ein falscher Eindruck erweckt werden soll. Voraussetzung ist allerdings, dass der Zeugnisschreiber im Zeitpunkt des Ausstelldatums im Unternehmen tätig war.

50. Haftet der Zeugnisschreiber für wahrheitswidrige Angaben im Zeugnis?

Ein wahrheitswidriges Zeugnis kann gravierende Auswirkungen haben. Beim heutigen Arbeitsmarkt stellen negative Arbeitszeugnisse echte Stolpersteine für den Arbeitnehmer auf der Stellensuche dar. Wird er wahrheitswidrig schlechter beurteilt, als er es verdient, stellt dies überdies eine **Verletzung seines Persönlichkeitsrechts** dar, welches auch seine berufliche Ehre schützt. Der Arbeitnehmer kann sowohl **Schadenersatz- als auch Genugtuungsansprüche** geltend machen, wenn er vor Gericht beweisen kann, dass das Zeugnis seinen Leistungen oder seinem Verhalten nicht gerecht wird und er deshalb bei der Stellensuche benachteiligt war.

Umgekehrt ist es für den Zeugnisschreiber aber auch riskant, gravierende Fehlleistungen eines Arbeitnehmers zu **verschweigen**. Nebst der moralischen Verantwortung trägt er ein erhebliches **Haftungsrisiko**, wenn er etwa verschweigt,

- dass ein Krankenpfleger Patienten missbraucht hat;
- ein Chauffeur alkoholisiert Unfälle verursacht hat;
- eine Buchhalterin Veruntreuungen begangen hat,

und damit das Risiko einer Wiederholung dieser Delikte am neuen Arbeitsort in Kauf nimmt.

Praxis-Beispiel:

In einem illustrativen Fall hat das Bundesgericht Klartext gesprochen, als es einen Zeugnisschreiber für den stolzen Betrag von Fr. 150 000.– haftbar machte und ihn ausserdem wegen Ausstellung eines falschen Zeugnisses zu einer Geldbusse verurteilte, weil er verschwieg, dass der Mitarbeiter Unterschlagungen begangen hatte und ihm damit zu einer neuen Anstellung verhalf, welche dieser zu erneuten Betrügereien missbrauchte. Das Bundesgericht stellte fest, dass das ausgestellte Zeugnis geeignet war, den neuen Arbeitgeber zur Anstellung des Mitarbeiters zu veranlassen, da wahrheitswidrig hervorgehoben worden sei, dass man mit ihm zufrieden gewesen sei, dass er die Firma frei von jeder Verpflichtung verlasse und dass man ihn mit gutem Gewissen empfehlen könne. (BGE 101 II 69, Schürer, Arbeitsrecht in der Gerichtspraxis, Bd. 1., Abschnitt 12.2 S. 1).

51. Wie steht es mit den Beweispflichten in einem Gerichtsverfahren?

Bestreitet der Arbeitnehmer die Beurteilung in einem Arbeitszeugnis, so trägt der Arbeitgeber die Beweislast für die Richtigkeit des Zeugnisses – und zwar unter Berücksichtigung eines gewissen Beurteilungsermessens auch für die Richtigkeit der Werturteile. Der Arbeitnehmer ist für diejenigen Tatsachen beweispflichtig, die er zur Rechtfertigung einer günstigeren Beurteilung geltend macht. Die Gerichte gehen von der Vermutung aus, dass Leistung und Verhalten des Arbeitnehmers im Rahmen des berufs- und branchenüblichen Durchschnitts liegen. Der **Arbeitgeber** ist für **ungenügende** (unterdurchschnittliche) Leistungen beweispflichtig, der **Arbeitnehmer** für **sehr gute** (überdurchschnittliche) Leistungen.

Auf einen Blick:

Ansprüche des Arbeitnehmers

1. Grundsatz: Wahrheitspflicht

Anspruch auf	keinen Anspruch auf
eine objektive Beurteilung («gut»)	eine subjektive Wertschätzung («Zufriedenheit)
keine unterdurchschnittlichen Qualifikationen, die nicht beweisbar sind	überdurchschnittliche Qualifikationen, die er nicht beweisen kann
ein vollständiges Zeugnis in zweierlei Hinsicht: – Beurteilung muss ganze Anstellungsdauer erfassen und darf nicht durch eine allfällig negativ verlaufene Schlussphase unverhältnismässig beeinflusst werden – Beurteilung von Fachkompetenz, Methodenkompetenz, Sozialkompetenz, Führungskompetenz	ein günstig lautendes Zeugnis Verschweigen von negativen Qualifikationen, die der neue Arbeitgeber kennen muss

2. Grundsatz: Wohlwollen

Anspruch auf	keinen Anspruch auf
ein Arbeitszeugnis, welches seine berufliche Laufbahn im Einklang mit seinen Eignungen und Neigungen fördert ein Arbeitszeugnis, das nicht von Emotionen getrübt ist	ein Zeugnis, welches das Wohlwollen über die Wahrheitspflicht stellt ein gutes Zeugnis

3. Grundsatz: Arbeitsplatzbezug

Anspruch auf	keinen Anspruch auf
das Weglassen von Angaben, die nicht das Arbeitsverhältnis betreffen Suchtkrankheiten dürfen nur erwähnt werden, soweit sie die Arbeitsleistung negativ beeinflusst haben. Einmalige Vorfälle und Angaben über familiäre Verhältnisse, Freizeitverhalten usw. gehören nicht in das Arbeitszeugnis	Erwähnung nichtcharakteristischer Einzelleistungen

Art. 4 DSG — Arbeitszeugnis
Tips für das Schreiben schwieriger Sachverhalte

52. Wie müssen kritische Sachverhalte im Zeugnis beschrieben werden?

Nach Art. 4 Abs. 2 DSG müssen alle Angaben im Arbeitszeugnis **verhältnismässig** sein. Am besten beschreiben Sie den Sachverhalt zuerst einmal in Ihrer persönlichen Sprache, so wie er sich ereignet hat. Prüfen Sie anschliessend, ob der Text dem Vorfall und den sonstigen Leistungen und dem Verhalten des Mitarbeiters angemessen Rechnung trägt. Eine negative Beurteilung in einem Qualifikationsmerkmal soll nicht das ganze Zeugnis überstrahlen, sondern den Leser sachlich auf diesen Mangel aufmerksam machen; innerhalb des gesamten Zeugnisses darf ihm kein unverhältnismässiges Gewicht zukommen.

Beispiel:
Ein fachlich ausgewiesener Vorgesetzter, der seine Untergebenen gut führt und ein leistungsförderndes Arbeitsklima schafft, in dem sich diese entfalten können, hat in der Schlussphase des Arbeitsverhältnisses wiederholt Mitarbeiterinnen **sexuell belästigt**. Ein Hinweis im Zeugnis drängt sich auf, damit der neue Arbeitgeber mit entsprechenden Vorkehren verhindern kann, dass sich die Belästigungen am neuen Arbeitsplatz wiederholen. Anderseits soll der Vorgesetzte nicht als «Sexualdelinquent» abgestempelt werden. Das Ziel in solchen Fällen muss immer sein, entsprechend dem Verhältnismässigkeitsprinzip, die nötigen Hinweise so eindeutig wie nötig und so zurückhaltend wie möglich zu formulieren:

«Sein Verhalten gegenüber Mitarbeiterinnen gab gelegentlich Anlass zu Beanstandungen.»

Damit wird unzweideutig gesagt, dass der Vorgesetzte Schwierigkeiten im Umgang mit Mitarbeiterinnen hatte. Welcher Art die Schwierigkeiten waren, kann in der in solchen Fällen zu erwartenden Referenzanfrage besprochen werden.

53. Genügt es nicht, die negativen Beurteilungen einfach wegzulassen?

In vielen Fällen genügt dies nicht, weil nicht sicher gestellt ist, dass der Leser «zwischen den Zeilen» liest (vgl. Frage 56). Im Beispiel der letzten Frage würde kein Leser ohne den ausdrücklichen Hinweis die sexuellen Belästigungen erwarten und von sich aus in der Referenzauskunft danach fragen. Ein Hinweis auf negative Punkte ist für den Arbeitnehmer ausserdem in der Regel günstiger, als wenn diese erst in der nachträglichen Referenzauskunft zur Sprache kommen, weil er in diesem Fall vielfach keine Gelegenheit mehr zur Stellungnahme erhält. Im übrigen schreibt Art. 330a OR ausdrücklich eine **Beurteilung von Leistung und Verhalten** vor.

Art. 4, 5 DSG
Art. 330a OR

Arbeitszeugnis
Zeugniscode

54. Sollen die sogenannten Zeugniscodes verwendet werden?

Zeugniscodes sind wenig aussagekräftig, manchmal irreführend und immer langweilig. Es haftet ihnen der Eindruck von durchschnittlichen 08.15-Aussagen an. Da es die verschiedensten «Interpretationsschlüssel» gibt, weiss der Zeugnisschreiber nie, wie seine «Botschaft» beim Leser ankommt.

Beispiel:
«Er hat die ihm übertragenen Arbeiten zu unserer vollen Zufriedenheit erledigt.»

Die Interpretationen schwanken zwischen «sehr gut» bis zu «befriedigend», je nach der Bedeutung, welche der Leser den fehlenden Worten «vollsten» und «stets» sowie dem zweideutigen Ausdruck «ihm übertragenen Arbeiten» beimisst.
Zeugnisse mit den üblichen codierten Qualifikationen sagen nichts aus über Fachkenntnisse und ihre Anwendung, über die Arbeitsweise, die Belastbarkeit in Stresssituationen, die Innovationsfähigkeit oder das Kostenbewusstsein, über die Fähigkeit zur Zusammenarbeit und die Ausstrahlung auf das Team usw. und sind daher zu vermeiden. Dagegen gibt es Formulierungen, die nie fehlen dürfen, damit dem Mitarbeiter keine Nachteile erwachsen wie insbesondere, dass er bei eigener Kündigung die Stelle «auf eigenen Wunsch verlässt» und, soweit zutreffend, dass «sein Austritt bedauert» wird.
Vor dem Hintergrund der (datenschutz-)rechtlichen Bestimmungen sind codierte Aussagen unzulässig, wie folgender Auszug aus einem Gerichtsurteil zeigt[1]:

---

[1] Vgl. Schürer, Arbeitsrecht in der Gerichtspraxis, Bd. I, Abschnitt 12.1c S. 6.

«Die Formulierung, der Kläger habe sich bemüht, sagt zwar etwas über die Einstellung und den Leistungswillen des Klägers, hingegen nichts über die tatsächlich erbrachte Leistung aus. Gerade das Fehlen einer solchen Qualifikation wirkt sich im Kontext negativ aus; jedem Personalchef fällt dieser Nebensinn auf. Unter diesem Gesichtspunkt verstösst das vorliegende Zeugnis gegen das Gebot der Klarheit und Unzweideutigkeit des Zeugnisinhaltes.»

Wenn auch codierte Zeugnisformulierungen nach Möglichkeit vermieden werden sollen, ist es doch für das Lesen von Zeugnissen wichtig, die üblichsten **Formulierungen und Interpretationen** zu kennen (vgl. Schürer, Arbeit und Recht, 4. A., S. 130).

Art. 5 DSG | Arbeitszeugnis
Uncodierte Zeugnisse

55. Ist es sinnvoll, am Schluss des Zeugnisses den Vermerk anzubringen: «Wir bekennen uns zur Abfassung uncodierter Arbeitszeugnisse?»

Es gibt Unternehmen, die das mit Erfolg tun. Leider bilden wahrheitsgemässe Zeugnisse in vielen Branchen immer noch die Ausnahme, weshalb die Gefahr besteht, dass der damit nicht vertraute Leser beim «kleinsten» kritischen Punkt die Bewerbung auf die Seite legt, wenn er nicht mit dem Hinweis darüber informiert wird, dass es sich beim vorliegenden Zeugnis um eine neue Art von Zeugnis handelt.
Vor dem Hintergrund von Art. 5 DSG, welcher wahrheitsgemässe Angaben im Zeugnis verlangt, ist ein Hinweis darauf, dass die Zeugnisse uncodiert geschrieben werden, durchaus angebracht.

56. Worauf muss beim Lesen von Arbeitszeugnissen besonders geachtet werden?

Beim Lesen und Interpretieren von Arbeitszeugnissen empfiehlt es sich, sich zuerst folgende Fragen zu stellen:

- Wer hat das Zeugnis geschrieben?
- Was steht nicht im Zeugnis?
- Handelt sich um ein Gefälligkeitszeugnis oder um ein detailliertes und objektives Zeugnis?

Eine Aussage wie beispielsweise «Mit seinen Leistungen waren wir zufrieden» von einer Personalfachfrau hat eine ganz andere Bedeutung, als wenn sie von einem Inhaber eines kleinen Betriebes oder einem Linienvorgesetzten geschrieben ist. Weil die Unsitte immer noch verbreitet ist, negative Qualifikationen durch Weglassen («lautes Schweigen») von einzelnen Qualifikationsmerkmalen zu signalisieren, ist bei sogenannten Standardzeugnissen oft aussagekräftiger, was nicht im Zeugnis bzw. zwischen den Zeilen steht als die einzelnen Floskeln selber. Wenn Sie sich über diese Punkte Klarheit verschafft haben, können Sie aus dem Zeugnis bzw. den Zeugnissen – ein Zeugnis allein soll nie unverhältnismässig gewichtet werden – Antworten zu den folgenden Punkten suchen:

- Ergeben sich zuverlässige Anhaltspunkte über die **Erwerbsbiografie** des Bewerbers und über sein **«Stärke-Schwäche-Profil»**, die mit Ihrem Anforderungsprofil für die zu besetzende Stelle sowie mit den anderen Bewerbungen in Vergleich gebracht werden können?
- Welches sind wichtige Hinweise, die im **Vorstellungsgespräch** und/oder in der **Referenzauskunft** noch besprochen werden müssen?

(Vgl. die nachstehende Checkliste zur Analyse von Arbeitszeugnissen.)

Checkliste zur Analyse von Arbeitszeugnissen

	ja	nein
Berufsweg lückenlos durch Arbeitszeugnisse belegt?	☐	☐
Fehlen von Zeugnissen begründet?	☐	☐
Durchweg qualifizierte Zeugnisse vorhanden?	☐	☐
Grund für das Vorliegen «einfacher» Zeugnisse ersichtlich?	☐	☐
Entsprechen ausgeübte Tätigkeiten der geforderten Berufserfahrung?	☐	☐
Sind Angaben über berufliche Fortbildungsmassnahmen enthalten, die für die zu besetzende Stelle wichtig sind?	☐	☐
Lässt die Tätigkeitsbeschreibung besondere Aufgabenschwerpunkte erkennen?	☐	☐
Ist die Tätigkeit ihrer Bedeutung entsprechend beschrieben (nicht zu kurz oder zu lang)?	☐	☐
Sind bestimmte, normalerweise zum Tätigkeitsbild gehörende Aufgaben nicht erwähnt?	☐	☐
Werden Aufgaben angeführt, die mit dem Tätigkeitsbild nichts oder nur am Rande zu tun haben?	☐	☐
Erstreckt sich die Beurteilung von Leistung und Verhalten auf die für die ausgeübte Tätigkeit wichtigen Merkmale?	☐	☐
Bleiben wichtige Merkmale unbeurteilt?	☐	☐
Werden weniger wichtige Merkmale beurteilt?	☐	☐
Legt die Beurteilung Bedenken gegen die Eignung des Bewerbers insgesamt oder einzelne Eignungsmerkmale nahe?	☐	☐

	ja	nein
Steht die Beurteilung nach Umfang und Inhalt in einem plausiblen Verhältnis zur Tätigkeitsbeschreibung?	☐	☐
Ist der Grund des Ausscheidens klar ersichtlich?	☐	☐
Steht der in der Abschlussfloskel zum Ausdruck kommende Grad des Wohlwollens in einem glaubwürdigen Verhältnis zur Beurteilung?	☐	☐
Enthält das Zeugnis sonstige auffallende «Brüche»?	☐	☐
Ist erkennbar, ob der Schreiber des Zeugnisses seine Aufgabe in formaler und inhaltlicher Hinsicht beherrscht hat?	☐	☐
Lässt die ausstellende Firma Rückschlüsse hierauf zu?	☐	☐
Lässt die ausstellende Firma Schlüsse über die Bedeutung der Tätigkeit des Bewerbers zu?	☐	☐
Wird der Berufsweg des Bewerbers aus dem Zusammenhang der vorgelegten Arbeitszeugnisse plausibel?	☐	☐
Gibt es Erklärungen für «Brüche» oder den Verhältnissen entsprechend zu ausgeprägte Kontinuität?	☐	☐

Aus Fritz Jürgen Kador, Arbeitszeugnisse richtig lesen – richtig formulieren (Heider Verlag, Bergisch Gladbach).

Art. 7 DSG

Arbeitszeugnis
Zeugnisschreiber

57. Wer soll Arbeitszeugnisse schreiben und unterschreiben?

Es ist üblich, dass Arbeitszeugnisse entweder vom Linienvorgesetzten oder (soweit vorhanden) von der Personalabteilung geschrieben und gemeinsam unterschrieben werden. Rechtlich sind beide Stellen zum Schreiben der Zeugnisse befugt, verlangt wird von der Rechtspraxis lediglich, dass es sich um **leitende Angestellte** handelt und sie unterzeichnungsberechtigt sind. In grösseren Unternehmen mit einer Personalabteilung ist es im Interesse der Einheitlichkeit wie auch aus Kompetenzgründen vorzuziehen, wenn die definitive Redaktion des Zeugnisses aufgrund der Informationen und Beurteilung durch den Linienvorgesetzten durch die Personalabteilung erfolgt.

Datenschutzrechtlich relevant ist, dass Zeugnisse von Personen geschrieben werden, die **Zugang zum Personaldossier** haben (vgl. Frage 29).

58. Müssen sich die Aussagen im Arbeitszeugnis mit denjenigen in der mündlichen Referenzauskunft decken?

Die mündliche Referenzauskunft darf durchaus detaillierter auf die Qualifikationen des Arbeitnehmers oder der Arbeitnehmerin eingehen, als dies im Arbeitszeugnis möglich ist; sie darf aber **nie in Widerspruch zum Zeugnis** stehen.

Beispiel:
Im Zeugnis werden Hinweise auf «gesundheitliche Probleme» gemacht. In der Referenzauskunft kann detaillierter geschildert werden, wie sich diese auf das Arbeitsverhältnis ausgewirkt haben.

Leider ist es in der Praxis oft so, dass das Zeugnis als Gefälligkeitszeugnis geschrieben wird, wogegen in der mündlichen Referenzauskunft über das zulässige Mass hinaus über den ausgetretenen Mitarbeiter informiert wird. Dieses Verhalten stellt dem Unternehmen ein schlechtes Zeugnis aus und erweist niemandem einen Dienst, schon gar nicht dem Arbeitnehmer, der sich vielfach gegenüber schlechten mündlichen Auskünften nicht zur Wehr setzen kann. Wünschenswert für alle Beteiligten wäre, wenn die Zeugnisse objektiver abgefasst würden und der Mitarbeiter über den Inhalt allfälliger Referenzauskünfte zum voraus informiert wird, damit er bei der Bewerbung weiss, woran er ist. Die Erfahrung zeigt auch, dass detailliert und objektiv geschriebene Zeugnisse die Referenzauskunft in vielen Fällen ersetzen.

Wenn sich Arbeitszeugnis und Referenzauskunft widersprechen, verletzt entweder das schriftliche oder das mündliche Zeugnis den datenschutzrechtlichen Grundsatz gemäss Art. 5 DSG, wonach Daten wahrheitsgemäss bearbeitet werden müssen.

59. Dürfen Referenzauskünfte auch gegen den Willen des Arbeitnehmers und der Arbeitnehmerin erteilt werden?

Diese Frage ist in der juristischen Lehre **umstritten**. Nach bisheriger **Praxis der Gerichte**[1] ist der Arbeitgeber zwar nicht verpflichtet, aber berechtigt, auf Anfrage eines anderen Arbeitgebers Auskünfte auch ohne Zustimmung des Arbeitnehmers oder gar gegen seinen ausdrücklichen Willen zu erteilen, soweit der Empfänger ein berechtigtes Interesse an der Auskunft hat. Genau gleich wie das Arbeitszeugnis muss die Referenzauskunft wahrheitsgemäss und wohlwollend sein und hat sich auf arbeitsplatzbezogene Angaben zu beschränken.

Wenn die Bewerberin in einem **ungekündigten** Arbeitsverhältnis steht, darf bei diesem Arbeitgeber selbstverständlich nur mit ihrer ausdrücklichen Zustimmung Auskunft eingeholt werden.

Es ist anzunehmen und zum besseren Schutz der Arbeitnehmer zu hoffen, dass das **Datenschutzgesetz** eine Praxisänderung bringen wird. Gemäss Art. 12 Abs. 2 lit. b. und c. DSG dürfen «Daten einer Person gegen deren ausdrücklichen Willen nicht bearbeitet und besonders schützenswerte Personendaten oder Persönlichkeitsprofile Dritten nicht ohne Rechtfertigungsgrund (insbesondere durch Einwilligung des Betroffenen oder durch ein überwiegendes privates oder öffentliches Interesse) bekanntgegeben werden». Nach Art. 13 Abs. 2 lit. a. DSG kann ein überwiegendes Interesse der bearbeitenden Person vorliegen, wenn die Persönlichkeitsverletzung in unmittelbarem Zusammenhang mit dem Abschluss eines Vertrages erfolgt (vgl. auch Frage 11).

Es obliegt nun den Gewerkschaften, Klagen einzureichen und den Gerichten Gelegenheit zu geben, diese Vorschriften auf die Referenzauskunft anzuwenden. Unternehmen mit einer zeitgemässen und transparenten Personalarbeit werden jedoch nicht auf die ersten Gerichtsurteile warten, sondern von sich aus Referenzauskünfte nur nach Absprache mit dem Arbeitnehmer erteilen und einholen – wie das eine grosse Mehrheit bereits heute tut.

---

[1] Vgl. Schürer, Arbeitsrecht in der Gerichtspraxis, Bd. 2, Kapitel 8.

Art. 8 DSG — Referenzauskunft
Auskunfts-/Einsichtsrecht

60. Haben Bewerberin und Bewerber Anspruch auf Auskunft über eingeholte Referenzauskünfte?

Diese Frage kann heute klar bejaht werden. Nach Art. 8 DSG haben der Bewerber und die Bewerberin **Anspruch auf vollständige und richtige Auskunft** über den Inhalt sämtlicher Personaldaten im Personaldossier. Die Auskunft kann schriftlich (Kopie, Ausdruck) oder durch Einsichtnahme gewährt werden. Diesem Recht auf Auskunft bzw. Einblick in das Personaldossier unterliegt selbstverständlich auch die eingeholte **Referenzauskunft**. Arbeitgeber, die Referenzauskünfte wahrheitsgemäss und arbeitsplatzbezogen erteilen und mit der Arbeitnehmerin und dem Arbeitnehmer zum voraus besprechen, werden sich vor dem Einsichtsrecht nicht scheuen (vgl. auch Fragen 10, 26 und 27).

Falls über die eingeholte Referenzauskunft keine schriftliche Aktennotiz erstellt wird, hat der Bewerber Anspruch auf wahrheitsgemässe und vollständige mündliche Information.

Art. 5, 34, 35 DSG
Art. 41ff. OR

Referenzauskunft
Haftung für falsche bzw. unterlassene Auskünfte

61. Haftet der Arbeitgeber für wahrheitswidrige Referenzauskünfte?

Die Referenzauskünfte müssen wahr und beweisbar sein und haben sich auf (arbeitsplatzbezogene) Angaben über das Arbeitsverhältnis zu beschränken. Das Auskunftsrecht gibt der Bewerberin und dem Bewerber Gelegenheit, sich gegen Referenzauskünfte, die gegen diese Grundsätze verstossen, zur Wehr zu setzen und **Schadenersatzansprüche** geltend zu machen. Ein Schaden kann z.B. darin bestehen, dass ein Arbeitnehmer aufgrund einer wahrheitswidrigen negativen Referenzauskunft keine Stelle findet.

Andererseits wird die Auskunftsperson, welche strafrechtliche Delikte eines Mitarbeiters **verschweigt**, ebenfalls gegenüber dem neuen Arbeitgeber **schadenersatzpflichtig**, wenn der Mitarbeiter bei diesem rückfällig wird. Dagegen darf ein blosser Verdacht einer strafbaren Handlung nicht erwähnt werden.

Ausserdem riskiert derjenige, der eine falsche Referenzauskunft erteilt, eine **strafrechtliche Verurteilung** gemäss Art. 34 und 35 DSG (vgl. «Strafbestimmungen»).

Strafbestimmungen

Verstösse gegen die Bestimmungen des Datenschutzgesetzes sollen grundsätzlich nicht mit strafrechtlichen, sondern mit **zivil- und verwaltungsrechtlichen Sanktionen** geahndet werden. Von diesem Prinzip sieht das Gesetz drei **Ausnahmen** vor:

Strafbar ist

- erstens die **Verletzung der Auskunfts-, Melde- und Mitwirkungspflichten** (Art. 34 DSG), weil diese Pflichten eine gewisse Transparenz der Datenbearbeitung garantieren. Werden sie nicht beachtet, so bleibt das Datenschutzgesetz zu einem wesentlichen Teil ohne Wirkung;

- zweitens, wer im Rahmen seiner **Berufstätigkeit** (z.B. Personalsachbearbeiter, Sozialarbeiterin, Psychologe) mit geheimen, **besonders schützenswerten Daten zu tun hat und diese unbefugterweise bekanntgibt** (Art. 35 DSG). Hier soll das Vertrauen der betroffenen Person, die einen Berufstätigen wegen seiner Fachkenntnisse in Anspruch nimmt und ihm dabei heikle Daten preisgibt, besonders geschützt werden.

- drittens das **unbefugte Beschaffen von Daten**, Art. 179 novies StGB, vgl. den Gesetzestext im Anhang.

Art. 34 DSG

Strafbestimmungen
Verletzung der Auskunftspflicht

62. Welches sind die strafrechtlichen Folgen bei Verletzungen der Auskunfts-, Melde- und Mitwirkungspflichten?

Nach Art. 34 DSG werden private Personen, die ihre Auskunftspflicht gemäss Art. 8ff. DSG verletzen, indem sie vorsätzlich eine falsche oder eine unvollständige Auskunft erteilen, auf Antrag mit **Haft** (bis zu drei Monaten) oder mit **Busse** (bis zu Fr. 5000.–) bestraft.

Mit Haft oder mit Busse werden auch private Personen bestraft, die vorsätzlich Datensammlungen nach Art. 11 DSG oder Datenbekanntgaben ins Ausland nach Art. 6 DSG dem Eidgenössischen Datenschutzbeauftragten nicht melden oder bei der Meldung falsche Angaben machen.

Unternehmen, die nebst den offiziellen Personaldossiers noch **Geheimdossiers** führen und diese dem Auskunftsrecht entziehen, riskieren mit dieser Praxis eine strafrechtliche Ahndung auf Antrag der Arbeitnehmer bzw. der betrieblichen Personalkommission. Ebenso ist die Verweigerung einer Auskunft unter Angabe einer wahrheitswidrigen Begründung strafbar.

Art. 35 DSG

Strafbestimmungen
Verletzung der beruflichen Schweigepflicht

63. Welches sind die strafrechtlichen Sanktionen bei Verletzung der beruflichen Schweigepflicht?

Durch die zunehmende berufliche Spezialisierung, aber auch durch die neuen Informationsbearbeitungsmethoden ist der strafrechtliche Schutz des Berufsgeheimnisses nach Art. 321 des Strafgesetzbuches lückenhaft geworden. Diese Bestimmung gilt nur für Geistliche, Rechtsanwältinnen, Verteidiger, Notare, Revisorinnen und Medizinalpersonen sowie ihr Personal. Art. 35 DSG will nun in weiteren Berufsbereichen, in denen der Schutz der Vertraulichkeit ebenfalls unerlässlich, aber Artikel 321 des Strafgesetzbuches nicht anwendbar ist, die Schweigepflicht regeln. Dies trifft beispielsweise für **Psychologen, Sozialarbeiterinnen** und **Personalverantwortliche** zu. Wer in Ausübung dieser Berufe besonders schützenswerte Personendaten oder Persönlichkeitsprofile unbefugt bekanntgibt, wird auf Antrag mit **Haft** (bis zu drei Monaten) oder mit **Busse** (bis zu Fr. 5000.–) bestraft. Das gleiche gilt auch für deren Personal. Der strafrechtliche Schutz bleibt auch nach Beendigung der Berufsausübung (des Arbeitsverhältnisses) weiter bestehen.

Checkliste für ein
betriebliches Datenschutzkonzept

Veranlasst durch das neue Datenschutzgesetz sind viele Unternehmungen mit der Aufgabe konfrontiert, ein **betriebliches Datenschutzkonzept** zu entwickeln. Die Punkte gemäss der in diesem Kapitel publizierten Checkliste sind dabei besonders zu beachten[1].

---

[1] Nach Urs Belser, Safe + Legal AG, Bern (vgl. Adresse bei den im Anhang angeführten Beratungsstellen).

Checkliste für ein betriebliches Datenschutzkonzept

■ **Information**

Sind die Mitarbeiterinnen und Mitarbeiter, die Personaldaten bearbeiten, über die wichtigsten datenschutzrechtlichen Vorschriften, die entsprechende betriebliche Regelung sowie über die Strafnorm von Art. 35 DSG (berufliche Schweigepflicht) informiert? ☐

Ist das Personal über seine Rechte in bezug auf den Datenschutz orientiert? ☐

■ **Verantwortlichkeit**

Wer legt fest, welche Personaldaten bearbeitet werden, wer auf welche Daten zugreifen kann und welche Arbeitsmittel (z.B. EDV) zur Anwendung kommen? ☐

Wer ist zuständig, wenn ein Mitarbeiter oder eine Mitarbeiterin Auskunft über die eigenen Daten oder Einsicht in das eigene Personaldossier verlangt? ☐

Wer kontrolliert die Einhaltung des Datenschutzes im Bereich des Personalwesens? ☐

■ **Bearbeitungsgrundsätze**

Werden Personaldaten nur mit rechtmässigen Mitteln, d.h. nicht durch die Ausübung von Druck, durch Täuschung oder durch die Umgehung von gesetzlichen oder vertraglichen Bestimmungen, erhoben? ☐

Beschränkt man sich strikt auf solche Daten, die für die Anstellung und für die Abwicklung eines Arbeitsvertrages unter Berücksichtigung der Aufgabe der Mitarbeiterin oder des Mitarbeiters und den betrieblichen Besonderheiten erforderlich sind? ☐

Ist sichergestellt, dass Personaldaten nur den Personen zugänglich sind, die solche Daten bearbeiten müssen und dass Personaldaten nicht für Zwecke verwendet werden, für die sie nicht bestimmt sind? ▫

Werden Personaldaten auf ihre Richtigkeit hin überprüft, so weit notwendig aktualisiert und gelöscht (z.B. Rückgabe von Bewerbungsunterlagen), so bald sie nicht mehr benötigt werden? ▫

Ist geregelt, welche Personaldaten unter welchen Voraussetzungen und durch wen an die eigene Belegschaft (Anschlagbrett, Firmenzeitung), an Dritte ausserhalb des eigenen Unternehmens (z.B. Referenzauskünfte) und an Behörden weitergegeben werden? ▫

■ **Auskunftsrecht**

Wie und wo kann das Auskunftsrecht geltend gemacht werden? ▫

Worüber wird Auskunft erteilt? ▫

In welcher Form wird Auskunft erteilt? ▫

Besteht eine Regelung für eine aussergerichtliche Konfliktbeilegung? ▫

■ **Dokumentation**

Existiert ein vollständiges Inventar über alle Ablagen, Listen und elektronisch gespeicherten Personaldaten? ▫

Sind die wichtigsten Grundsätze über den Umgang mit Personaldaten im Betrieb schriftlich festgehalten? ▫

■ **Registrier- und Meldepflicht**

Sind Datensammlungen, die gemäss Art. 11 DSG, oder Datenübermittlungen ins Ausland, die nach Art. 6 DSG dem Eidgenössischen Datenschutzbeauftragten gemeldet werden müssen, gemeldet worden und ist auch gewährleistet, dass diese Meldungen in Zukunft erfolgen werden?

■ **Datensicherung**

Ist durch geeignete personelle (Auswahl und Instruktion), organisatorische (z.B. Weisungen) und technische Massnahmen (abschliessbare Aktenablage, Passwortschutz, Datenverschlüsselung usw.) sichergestellt, dass nicht unbefugte Personen Kenntnis von Personaldaten erhalten können oder diese Daten unberechtigterweise verändert oder gelöscht werden?

Ist der gleiche Schutz auch für Sicherheitskopien, insbesondere EDV-Backups, sichergestellt?

Anhang

Literaturhinweise

Botschaft des Bundesrates zum Bundesgesetz über den Datenschutz.

Guntern O.	Leitfaden für die Bearbeitung von Personendaten im Arbeitsbereich, 1994
Huber R.	Rechtsprobleme der Personalakte, Dissertation Zürich 1985
Meier K.	Datenschutz im Arbeitsverhältnis, in: ArbR, Mitteilungen des Instituts für Schweizerisches Arbeitsrecht, 1994 S. 29ff.
Rehbinder M.	Berner Kommentar zum Arbeitsvertrag, Verlag Stämpfli & Cie. AG, Bern 1985
Rudolph R.	Stellenbewerbung und Datenschutz, Dissertation Zürich 1996
Schürer H.U.	Arbeit und Recht, Verlag des Schweizerischen Kaufmännischen Verbandes, Zürich 1994
	Arbeitsrecht in der Gerichtspraxis (2 Bände), Verlag des Schweizerischen Kaufmännischen Verbandes, Zürich 1995
Schweizer R.	Das neue Datenschutzgesetz des Bundes, Schulthess Polygraphischer Verlag, Zürich 1993

Auskunfts- und Beratungsstellen

- **Eidgenössischer Datenschutzbeauftragter:**

  Odilo Guntern
  Monbijoustrasse 5
  3003 Bern
  Tel.: 031 322 43 95

- **Rechtsberatung zum Datenschutz:**

  H.U. Schürer, lic. iur.
  Beratung für Recht und Personal
  Weidstrasse 27
  8706 Meilen
  Tel.: 01 923 69 60

- **Datenschutzberatung:**

  Urs Belser, Fürsprecher
  Safe + Legal
  AG für Datenschutz und Datensicherheit
  Bollwerk 21
  3011 Bern
  Tel.: 031 312 74 74

Auszug aus dem Bundesgesetz über den Datenschutz
(DSG)

vom 19. Juni 1992 (in Kraft seit 1.7.1993)

Die Bundesversammlung der Schweizerischen Eidgenossenschaft,
gestützt auf die Artikel 31bis Absatz 2, 64, 64bis und 85 Ziffer 1 der Bundesverfassung,
nach Einsicht in die Botschaft des Bundesrates vom 23. März 1988,
beschliesst:

1. Abschnitt: Zweck, Geltungsbereich und Begriffe

Art. 1 Zweck
Dieses Gesetz bezweckt den Schutz der Persönlichkeit und der Grundrechte von Personen, über die Daten bearbeitet werden.

Art. 2 Geltungsbereich
^{1} Dieses Gesetz gilt für das Bearbeiten von Daten natürlicher und juristischer Personen durch:
    a.   private Personen;
    b.   Bundesorgane.

^{2} Es ist nicht anwendbar auf:
    a.   Personendaten, die eine natürliche Person ausschliesslich zum persönlichen Gebrauch bearbeitet und nicht an Aussenstehende bekanntgibt;
    b.   Beratungen in den Eidgenössischen Räten und in den parlamentarischen Kommissionen;
    c.   hängige Zivilprozesse, Strafverfahren, Verfahren der internationalen Rechtshilfe sowie staats- und verwaltungsrechtliche Verfahren mit Ausnahme erstinstanzlicher Verwaltungsverfahren;
    d.   öffentliche Register des Privatrechtsverkehrs;
    e.   Personendaten, die das Internationale Komitee vom Roten Kreuz bearbeitet.

Art. 3 Begriffe

Die folgenden Ausdrücke bedeuten:
a. *Personendaten (Daten):* alle Angaben, die sich auf eine bestimmte oder bestimmbare Person beziehen;
b. *betroffene Personen:* natürliche oder juristische Personen, über die Daten bearbeitet werden;
c. *besonders schützenswerte Personendaten:* Daten über:
   1. die religiösen, weltanschaulichen, politischen oder gewerkschaftlichen Ansichten und Tätigkeiten,
   2. die Gesundheit, die Intimsphäre oder die Rassenzugehörigkeit,
   3. Massnahmen der sozialen Hilfe,
   4. administrative oder strafrechtliche Verfolgungen und Sanktionen;
d. *Persönlichkeitsprofil:* eine Zusammenstellung von Daten, die eine Beurteilung wesentlicher Aspekte der Persönlichkeit einer natürlichen Person erlaubt;
e. *Bearbeiten:* jeder Umgang mit Personendaten, unabhängig von den angewandten Mitteln und Verfahren, insbesondere das Beschaffen, Aufbewahren, Verwenden, Umarbeiten, Bekanntgeben, Archivieren oder Vernichten von Daten;
f. *Bekanntgeben:* das Zugänglichmachen von Personendaten wie das Einsichtgewähren, Weitergeben oder Veröffentlichen;
g. *Datensammlung:* jeder Bestand von Personendaten, der so aufgebaut ist, dass die Daten nach betroffenen Personen erschliessbar sind;
h. *Bundesorgane:* Behörden und Dienststellen des Bundes sowie Personen, soweit sie mit öffentlichen Aufgaben des Bundes betraut sind;
j. *Inhaber der Datensammlung:* private Personen oder Bundesorgane, die über den Zweck und den Inhalt einer Datensammlung entscheiden;
k. *formelles Gesetz:*
   1. Bundesgesetze und referendumspflichtige allgemeinverbindliche Bundesbeschlüsse,
   2. für die Schweiz verbindliche Beschlüsse internationaler Organisationen und von der Bundesversammlung genehmigte völkerrechtliche Verträge mit rechtsetzendem Inhalt.

2. Abschnitt: Allgemeine Datenschutzbestimmungen

Art. 4 Grundsätze

[1] Personendaten dürfen nur rechtmässig beschafft werden.

[2] Ihre Bearbeitung hat nach Treu und Glauben zu erfolgen und muss verhältnismässig sein.

[3] Personendaten dürfen nur zu dem Zweck bearbeitet werden, der bei der Beschaffung angegeben wurde, aus den Umständen ersichtlich oder gesetzlich vorgesehen ist.

Art. 5 Richtigkeit der Daten

[1] Wer Personendaten bearbeitet, hat sich über deren Richtigkeit zu vergewissern.

[2] Jede betroffene Person kann verlangen, dass unrichtige Daten berichtigt werden.

Art. 6 Bekanntgabe ins Ausland

[1] Personendaten dürfen nicht ins Ausland bekanntgegeben werden, wenn dadurch die Persönlichkeit der betroffenen Personen schwerwiegend gefährdet würde, namentlich weil ein Datenschutz fehlt, der dem schweizerischen gleichwertig ist.

[2] Wer Datensammlungen ins Ausland übermitteln will, muss dies dem Eidgenössischen Datenschutzbeauftragten vorher melden, wenn:
a. für die Bekanntgabe keine gesetzliche Pflicht besteht und
b. die betroffenen Personen davon keine Kenntnis haben.

[3] Der Bundesrat regelt die Meldungen im einzelnen. Er kann vereinfachte Meldungen oder Ausnahmen von der Meldepflicht vorsehen, wenn das Bearbeiten die Persönlichkeit der betroffenen Personen nicht gefährdet.

Art. 7 Datensicherheit

[1] Personendaten müssen durch angemessene technische und organisatorische Massnahmen gegen unbefugtes Bearbeiten geschützt werden.

[2] Der Bundesrat erlässt nähere Bestimmungen über die Mindestanforderungen an die Datensicherheit.

Art. 8 Auskunftsrecht

[1] Jede Person kann vom Inhaber einer Datensammlung Auskunft darüber verlangen, ob Daten über sie bearbeitet werden.

[2] Der Inhaber der Datensammlung muss ihr mitteilen:
a. alle über sie in der Datensammlung vorhandenen Daten;
b. den Zweck und gegebenenfalls die Rechtsgrundlagen des Bearbeitens sowie die Kategorien der bearbeiteten Personendaten, der an der Sammlung Beteiligten und der Datenempfänger.

[3] Daten über die Gesundheit kann der Inhaber der Datensammlung der betroffenen Person durch einen von ihr bezeichneten Arzt mitteilen lassen.

[4] Lässt der Inhaber der Datensammlung Personendaten durch einen Dritten bearbeiten, so bleibt er auskunftspflichtig. Der Dritte ist auskunftspflichtig, wenn er den Inhaber nicht bekanntgibt oder dieser keinen Wohnsitz in der Schweiz hat.

[5] Die Auskunft ist in der Regel schriftlich, in Form eines Ausdrucks oder einer Fotokopie sowie kostenlos zu erteilen. Der Bundesrat regelt die Ausnahmen.

[6] Niemand kann im voraus auf das Auskunftsrecht verzichten.

Art. 9 Einschränkungen des Auskunftsrecht; im allgemeinen

[1] Der Inhaber der Datensammlung kann die Auskunft verweigern, einschränken oder aufschieben, soweit:
a. ein formelles Gesetz es vorsieht;
b. es wegen überwiegender Interessen eines Dritten erforderlich ist.

[2] Ein Bundesorgan kann zudem die Auskunft verweigern, einschränken oder aufschieben, soweit:
a. es wegen überwiegender öffentlicher Interessen, insbesondere der inneren oder äusseren Sicherheit der Eidgenossenschaft, erforderlich ist;
b. die Auskunft den Zweck einer Strafuntersuchung oder eines andern Untersuchungsverfahrens in Frage stellt.

[3] Private als Inhaber einer Datensammlung können zudem die Auskunft verweigern, einschränken oder aufschieben, soweit eigene überwiegende Interessen es erfordern und sie die Personendaten nicht an Dritte bekanntgeben.

[4] Der Inhaber der Datensammlung muss angeben, aus welchem Grund er die Auskunft verweigert, einschränkt oder aufschiebt.

Art. 10 Einschränkungen des Auskunftsrechts für Medienschaffende

[1] Der Inhaber einer Datensammlung, die ausschliesslich für die Veröffentlichung im redaktionellen Teil eines periodisch erscheinenden Mediums verwendet wird, kann die Auskunft verweigern, einschränken oder aufschieben, soweit:
a. die Personendaten Aufschluss über die Informationsquellen geben;
b. Einblick in Entwürfe für Publikationen gegeben werden müsste;
c. die freie Meinungsbildung des Publikums gefährdet würde.

[2] Medienschaffende können die Auskunft zudem verweigern, einschränken oder aufschieben, wenn ihnen eine Datensammlung ausschliesslich als persönliches Arbeitsinstrument dient.

Art. 11 Register der Datensammlungen

[1] Der Eidgenössische Datenschutzbeauftragte führt ein Register der Datensammlungen. Jede Person kann das Register einsehen.

[2] Bundesorgane müssen sämtliche Datensammlungen beim Datenschutzbeauftragten zur Registrierung anmelden.

[3] Private Personen, die regelmässig besonders schützenswerte Personendaten oder Persönlichkeitsprofile bearbeiten oder Personendaten an Dritte bekanntgeben, müssen Sammlungen anmelden, wenn:
a. für das Bearbeiten keine gesetzliche Pflicht besteht und
b. die betroffenen Personen davon keine Kenntnis haben.

[4] Die Datensammlungen müssen angemeldet werden, bevor sie eröffnet werden.

[5] Der Bundesrat regelt die Anmeldung der Datensammlungen sowie die Führung und die Veröffentlichung des Registers. Er kann für bestimmte Arten von Datensammlungen Ausnahmen von der Meldepflicht oder der Registrierung vorsehen, wenn das Bearbeiten die Persönlichkeit der betroffenen Personen nicht gefährdet.

3. Abschnitt: Bearbeiten von Personendaten und private Personen

Art. 12 Persönlichkeitsverletzungen

[1] Wer Personendaten bearbeitet, darf dabei die Persönlichkeit der betroffenen Personen nicht widerrechtlich verletzen.

[2] Er darf insbesondere nicht ohne Rechtfertigungsgrund:
a. Personendaten entgegen den Grundsätzen von Artikel 4, 5 Absatz 1, 6 Absatz 1 und 7 Absatz 1 bearbeiten;
b. Daten einer Person gegen deren ausdrücklichen Willen bearbeiten;
c. besonders schützenswerte Personendaten oder Persönlichkeitsprofile Dritten bekanntgeben.

[3] In der Regel liegt keine Persönlichkeitsverletzung vor, wenn die betroffene Person die Daten allgemein zugänglich gemacht und eine Bearbeitung nicht ausdrücklich untersagt hat.

Art. 13 Rechtfertigungsgründe

[1] Eine Verletzung der Persönlichkeit ist widerrechtlich, wenn sie nicht durch Einwilligung des Verletzten, durch ein überwiegendes privates oder öffentliches Interesse oder durch Gesetz gerechtfertigt ist.

[2] Ein überwiegendes Interesse der bearbeitenden Person fällt insbesondere in Betracht, wenn diese:
a. in unmittelbarem Zusammenhang mit dem Abschluss oder der Abwicklung eines Vertrags Personendaten über ihren Vertragspartner bearbeitet;
b. mit einer anderen Person in wirtschaftlichem Wettbewerb steht oder treten will und zu diesem Zweck Personendaten bearbeitet, ohne diese Dritten bekanntzugeben;
c. zur Prüfung der Kreditwürdigkeit einer anderen Person weder besonders schützenswerte Personendaten noch Persönlichkeitsprofile bearbeitet und Dritten nur Daten bekanntgibt, die sie für den Abschluss oder die Abwicklung eines Vertrages mit der betroffenen Person benötigen;
d. beruflich Personendaten ausschliesslich für die Veröffentlichung im redaktionellen Teil eines periodisch erscheinenden Mediums bearbeitet;
e. Personendaten zu nicht personenbezogenen Zwecken insbesondere in der Forschung, Planung und Statistik bearbeitet und die Ergebnisse so veröffentlicht, dass die betroffenen Personen nicht bestimmbar sind;
f. Daten über eine Person des öffentlichen Lebens sammelt, sofern sich die Daten auf das Wirken dieser Person in der Öffentlichkeit beziehen.

Art. 14 Datenbearbeitung durch Dritte

[1] Das Bearbeiten von Personendaten kann einem Dritten übertragen werden, wenn:
a. der Auftraggeber dafür sorgt, dass die Daten nur so bearbeitet werden, wie er es selbst tun dürfte und
b. keine gesetzliche oder vertragliche Geheimhaltungspflicht es verbietet.

[2] Der Dritte kann dieselben Rechtfertigungsgründe geltend machen wie der Auftraggeber.

Anhang

Art. 15 Rechtsansprüche und Verfahren

[1] Für Klagen und vorsorgliche Massnahmen zum Schutz der Persönlichkeit gelten die Artikel 28–28l des Zivilgesetzbuches. Der Kläger kann insbesondere verlangen, dass die Personendaten berichtigt oder vernichtet werden oder dass ihre Bekanntgabe an Dritte gesperrt wird.

[2] Kann weder die Richtigkeit noch die Unrichtigkeit von Personendaten dargetan werden, so kann der Kläger verlangen, dass bei den Daten ein entsprechender Vermerk angebracht wird.

[3] Er kann verlangen, dass die Berichtigung, Vernichtung, Sperre, der Vermerk über die Bestreitung oder das Urteil Dritten mitgeteilt oder veröffentlicht wird.

[4] Klagen zur Durchsetzung des Auskunftsrechts können am Wohnsitz des Klägers oder des Beklagten eingereicht werden. Der Richter entscheidet in einem einfachen und raschen Verfahren.

.
.
.

5. Abschnitt: Eidgenössischer Datenschutzbeauftragter

Art. 26 Wahl und Stellung

[1] Der Eidgenössische Datenschutzbeauftragte wird vom Bundesrat gewählt.

[2] Er erfüllt seine Aufgaben unabhängig und ist dem Eidgenössischen Justiz- und Polizeidepartement administrativ zugeordnet.

[3] Er verfügt über ein ständiges Sekretariat.

Art. 27 Aufsicht über Bundesorgane

[1] Der Datenschutzbeauftragte überwacht die Einhaltung dieses Gesetzes und der übrigen Datenschutzvorschriften des Bundes durch die Bundesorgane. Der Bundesrat ist von dieser Aufsicht ausgenommen.

[2] Der Datenschutzbeauftragte klärt von sich aus oder auf Meldung Dritter hin den Sachverhalt näher ab.

[3] Bei der Abklärung kann er Akten herausverlangen, Auskünfte einholen und sich Datenbearbeitungen vorführen lassen. Die Bundesorgane müssen an der Feststellung des Sachverhaltes mitwirken. Das Zeugnisverweigerungsrecht nach Artikel 16 des Verwaltungsverfahrensgesetzes gilt sinngemäss.

[4] Ergibt die Abklärung, dass Datenschutzvorschriften verletzt werden, so empfiehlt der Beauftragte dem verantwortlichen Bundesorgan, das Bearbeiten zu ändern oder zu unterlassen. Er orientiert das zuständige Departement oder die Bundeskanzlei über seine Empfehlung.

⁵ Wird eine Empfehlung nicht befolgt oder abgelehnt, so kann er die Angelegenheit dem Departement oder der Bundeskanzlei zum Entscheid vorlegen. Der Entscheid wird den betroffenen Personen mitgeteilt.

Art. 28 Beratung Privater

Der Datenschutzbeauftragte berät private Personen in Fragen des Datenschutzes.

Art. 29 Abklärungen und Empfehlungen im Privatrechtsbereich

¹ Der Datenschutzbeauftragte klärt von sich aus oder auf Meldung Dritter hin den Sachverhalt näher ab, wenn:
a. Bearbeitungsmethoden geeignet sind, die Persönlichkeit einer grösseren Anzahl von Personen zu verletzen (Systemfehler);
b. Datensammlungen registriert werden müssen (Art. 11);
c. Bekanntgaben ins Ausland gemeldet werden müssen (Art. 6).

² Er kann dabei Akten herausverlangen, Auskünfte einholen und sich Datenbearbeitungen vorführen lassen. Das Zeugnisverweigerungsrecht nach Artikel 16 des Verwaltungsverfahrensgesetzes gilt sinngemäss.

³ Der Datenschutzbeauftragte kann aufgrund seiner Abklärungen empfehlen, das Bearbeiten zu ändern oder zu unterlassen.

⁴ Wird eine solche Empfehlung des Datenschutzbeauftragten nicht befolgt oder abgelehnt, so kann er die Angelegenheit der Eidgenössischen Datenschutzkommission zum Entscheid vorlegen.

Art. 30 Information

¹ Der Datenschutzbeauftragte erstattet dem Bundesrat periodisch und nach Bedarf Bericht. Die periodischen Berichte werden veröffentlicht.

² In Fällen von allgemeinem Interesse kann er die Öffentlichkeit über seine Feststellungen und Empfehlungen informieren. Personendaten, die dem Amtsgeheimnis unterstehen, darf er nur mit Zustimmung der zuständigen Behörde veröffentlichen. Verweigert diese die Zustimmung, so entscheidet der Präsident der Eidgenössischen Datenschutzkommission endgültig.

Art. 31 Weitere Aufgaben

¹ Der Datenschutzbeauftragte hat insbesondere folgende weitere Aufgaben:
a. Er unterstützt Organe des Bundes und der Kantone in Fragen des Datenschutzes.
b. Er nimmt Stellung zu Vorlagen über Erlasse und Massnahmen des Bundes, die für den Datenschutz erheblich sind.
c. Er arbeitet mit in- und ausländischen Datenschutzbehörden zusammen.
d. Er begutachtet, inwieweit der Datenschutz im Ausland dem schweizerischen gleichwertig ist.

² Er kann Organe der Bundesverwaltung auch dann beraten, wenn dieses Gesetz nach Artikel 2 Absatz 2 Buchstaben c und d nicht anwendbar ist. Die Organe der Bundesverwaltung können ihm Einblick in ihre Geschäfte gewähren.

Art. 32   Aufgaben im Bereich der medizinischen Forschung

¹ Der Datenschutzbeauftragte berät die Sachverständigenkommission für das Berufsgeheimnis in der medizinischen Forschung (Art. 321bis StGB).

² Hat die Kommission die Offenbarung des Berufsgeheimnisses bewilligt, so überwacht er die Einhaltung der damit verbundenen Auflagen. Er kann dazu Abklärungen nach Artikel 27 Absatz 3 vornehmen.

³ Der Datenschutzbeauftragte kann Kommissionsentscheide mit Beschwerde bei der Eidgenössischen Datenschutzkommission anfechten.

⁴ Er wirkt darauf hin, dass die Patienten über ihre Rechte informiert werden.

6. Abschnitt: Eidgenössische Datenschutzkommission

Art. 33

¹ Die Eidgenössische Datenschutzkommission ist eine Schieds- und Rekurskommission im Sinne von Artikel 71*a–c* des Verwaltungsverfahrensgesetzes. Sie entscheidet darüber:
a. Empfehlungen des Datenschutzbeauftragten, die ihr vorgelegt werden (Art. 29 Abs. 4);
b. Beschwerden gegen Verfügungen von Bundesorganen in Datenschutzfragen, ausgenommen solche des Bundesrates;
c. Beschwerden gegen Verfügungen der Kommission für das Berufsgeheimnis in der medizinischen Forschung (Art. 321bis StGB);
d. Beschwerden gegen letztinstanzliche kantonale Entscheide, die sich auf öffentlichrechtliche Vorschriften des Bundes über den Datenschutz stützen.

² Stellt der Datenschutzbeauftragte bei einer Sachverhaltsabklärung nach Artikel 27 Absatz 2 oder nach Artikel 29 Absatz 1 fest, dass den betroffenen Personen ein nicht leicht wiedergutzumachender Nachteil droht, so kann er dem Präsidenten der Datenschutzkommission vorsorgliche Massnahmen beantragen. Das Verfahren richtet sich sinngemäss nach den Artikeln 79–84 des Bundesgesetzes über den Bundeszivilprozess.

7. Abschnitt: Strafbestimmungen

Art. 34   Verletzung der Auskunfts-, Melde- und Mitwirkungspflichten

¹ Private Personen, die ihre Pflichten nach den Artikeln 8, 9 und 10 verletzen, indem sie vorsätzlich eine falsche oder eine unvollständige Auskunft erteilen, werden auf Antrag mit Haft oder mit Busse bestraft.

² Mit Haft oder mit Busse werden private Personen bestraft, die vorsätzlich:
a. Datensammlungen nach Artikel 11 oder Datenbekanntgaben ins Ausland nach Artikel 6 nicht melden oder bei der Meldung falsche Angaben machen;
b. dem Datenschutzbeauftragten bei der Abklärung eines Sachverhaltes (Art. 29) falsche Auskünfte erteilen oder die Mitwirkung verweigern.

Art. 35 Verletzung der beruflichen Schweigepflicht

¹ Wer vorsätzlich geheime, besonders schützenswerte Personendaten oder Persönlichkeitsprofile unbefugt bekanntgibt, von denen er bei der Ausübung seines Berufes, der die Kenntnis solcher Daten erfordert, erfahren hat, wird auf Antrag mit Haft oder mit Busse bestraft.

² Gleich wird bestraft, wer vorsätzlich geheime, besonders schützenswerte Personendaten oder Persönlichkeitsprofile unbefugt bekanntgibt, von denen er bei der Tätigkeit für den Geheimhaltungspflichtigen oder während der Ausbildung bei diesem erfahren hat.

³ Das unbefugte Bekanntgeben geheimer, besonders schützenswerten Personendaten oder Persönlichkeitsprofile ist auch nach Beendigung der Berufsausübung oder der Ausbildung strafbar.

8. Abschnitt: Schlussbestimmungen

.
.
.

Art. 37 Vollzug durch die Kantone

¹ Soweit keine kantonalen Datenschutzvorschriften bestehen, gelten für das Bearbeiten von Personendaten durch kantonale Organe beim Vollzug von Bundesrecht die Artikel 1–11, 16–23 und 25 Absätze 1–3 dieses Gesetzes.

² Die Kantone bestimmen ein Kontrollorgan, welches für die Einhaltung des Datenschutzes sorgt. Die Artikel 27, 30 und 31 sind sinngemäss anwendbar.

Auszug aus der Verordnung zum Bundesgesetz über den Datenschutz
(VDSG)

vom 14. Juni 1993 (in Kraft seit 1.7.1993)

Der Schweizerische Bundesrat,
gestützt auf die Artikel 6, 7, 8, 11, 16, 24 und 36 des Bundesgesetzes vom 19. Juni 1992 über den Datenschutz (DSG),
verordnet:

1. Kapitel: Bearbeiten von Personendaten durch private Personen

1. Abschnitt: Auskunftsrecht

Art. 1 Modalitäten

[1] Jede Person, die vom Inhaber einer Datensammlung Auskunft darüber verlangt, ob Daten über sie bearbeitet werden (Art. 8 DSG), muss dies in der Regel in schriftlicher Form beantragen und sich über ihre Identität ausweisen.

[2] Der Inhaber der Datensammlung erteilt die Auskunft in der Regel schriftlich, in Form eines Ausdrucks oder einer Fotokopie.

[3] Im Einvernehmen mit dem Inhaber der Datensammlung oder auf dessen Vorschlag hin kann die betroffene Person ihre Daten auch an Ort und Stelle einsehen. Die Auskunft kann auch mündlich erteilt werden, wenn die betroffene Person eingewilligt hat und vom Inhaber identifiziert worden ist.

[4] Die Auskunft oder der begründete Entscheid über die Beschränkung des Auskunftsrechts (Art. 9 und 10 DSG) wird innert 30 Tagen seit dem Eingang des Auskunftsbegehrens erteilt. Kann die Auskunft nicht innert 30 Tagen erteilt werden, so muss der Inhaber der Datensammlung den Gesuchsteller hierüber benachrichtigen und ihm die Frist mitteilen, in der die Auskunft erfolgen wird.

⁵ Werden eine oder mehrere Datensammlungen von mehreren Inhabern gemeinsam geführt, kann das Auskunftsrecht bei jedem Inhaber geltend gemacht werden, sofern nicht einer von ihnen für die Behandlung aller Auskunftsbegehren verantwortlich ist. Wenn der Inhaber der Datensammlung zur Auskunftserteilung nicht ermächtigt ist, leitet er das Begehren an den Zuständigen weiter.

⁶ Werden die verlangten Angaben von einem Dritten im Auftrag einer privaten Person bearbeitet, so leitet diese das Auskunftsbegehren an den Dritten zur Erledigung weiter, sofern sie nicht selber in der Lage ist, Auskunft zu erteilen.

⁷ Wird Auskunft über Daten von verstorbenen Personen verlangt, so ist sie zu erteilen, wenn der Gesuchsteller ein Interesse an der Auskunft nachweist und keine überwiegenden Interessen von Angehörigen der verstorbenen Person oder von Dritten entgegenstehen. Nahe Verwandtschaft sowie Ehe mit der verstorbenen Person begründen ein Interesse.

Art. 2 Ausnahmen von der Kostenlosigkeit

¹ Eine angemessene Beteiligung an den Kosten kann ausnahmsweise verlangt werden, wenn:
a. der antragstellenden Person in den zwölf Monaten vor dem Gesuch die gewünschten Auskünfte bereits mitgeteilt wurden und kein schutzwürdiges Interesse an einer neuen Auskunftserteilung nachgewiesen werden kann. Ein schutzwürdiges Interesse ist insbesondere gegeben, wenn die Personendaten ohne Mitteilung an die betroffene Person verändert wurden;
b. die Auskunftserteilung mit einem besonders grossen Abeitsaufwand verbunden ist.

² Die Beteiligung beträgt maximal 300 Franken. Der Gesuchsteller ist über die Höhe der Beteiligung vor der Auskunftserteilung in Kenntnis zu setzen und kann sein Gesuch innert zehn Tagen zurückziehen.

.
.
.

4. Abschnitt: Technische und organisatorische Massnahmen

Art. 8 Allgemeine Massnahmen

¹ Wer als Privatperson Personendaten bearbeitet oder ein Datenkommunikationsnetz zur Verfügung stellt, sorgt für die Vertraulichkeit, die Verfügbarkeit und die Richtigkeit der Daten, um einen angemessenen Datenschutz zu gewährleisten. Insbesondere schützt er die Systeme gegen folgende Risiken:
a. unbefugte oder zufällige Vernichtung;
b. zufälligen Verlust;
c. technische Fehler;
d. Fälschung, Diebstahl oder widerrechtliche Verwendung;
e. unbefugtes Ändern, Kopieren, Zugreifen oder andere unbefugte Bearbeitungen.

² Die technischen und organisatorischen Massnahmen müssen angemessen sein. Insbesondere tragen sie folgenden Kriterien Rechnung:
a. Zweck der Datenbearbeitung;
b. Art und Umfang der Datenbearbeitung;
c. Einschätzung der möglichen Risiken für die betroffenen Personen;
d. gegenwärtiger Stand der Technik.

³ Diese Massnahmen sind periodisch zu überprüfen.

⁴ Der Datenschutzbeauftragte kann in diesem Bereich Empfehlungen in Form von Handbüchern erlassen.

Art. 9 Besondere Massnahmen

¹ Der Inhaber der Datensammlung trifft insbesondere bei der automatisierten Bearbeitung von Personendaten die technischen und organisatorischen Massnahmen, die geeignet sind, namentlich folgenden Zielen gerecht zu werden:
a. Zugangskontrolle: unbefugten Personen ist der Zugang zu den Einrichtungen, in denen Personendaten bearbeitet werden, zu verwehren;
b. Personendatenträgerkontrolle: unbefugten Personen ist das Lesen, Kopieren, Verändern oder Entfernen von Datenträgern zu verunmöglichen;
c. Transportkontrolle: bei der Bekanntgabe von Personendaten sowie beim Transport von Datenträgern ist zu verhindern, dass die Daten unbefugt gelesen, kopiert, verändert oder gelöscht werden können;
d. Bekanntgabekontrolle: Datenempfänger, denen Personendaten mittels Einrichtungen zur Datenübertragung bekanntgegeben werden, müssen identifiziert werden können;
e. Speicherkontrolle: unbefugte Eingabe in den Speicher sowie unbefugte Einsichtnahme, Veränderung oder Löschung gespeicherter Personendaten sind zu verhindern;
f. Benutzerkontrolle: die Benutzung von automatisierten Datenverarbeitungssystemen mittels Einrichtungen zur Datenübertragung durch unbefugte Personen ist zu verhindern;
g. Zugriffskontrolle: der Zugriff der berechtigten Personen ist auf diejenigen Personendaten zu beschränken, die sie für die Erfüllung ihrer Aufgabe benötigen;
h. Eingabekontrolle: in automatisierten Systemen muss nachträglich überprüft werden können, welche Personendaten zu welcher Zeit und von welcher Person eingegeben wurden.

² Die Datensammlungen sind so zu gestalten, dass die betroffenen Personen ihr Auskunftsrecht und ihr Recht auf Berichtigung wahrnehmen können.

Auszug aus dem Arbeitsvertragsrecht im Obligationenrecht

Art. 328[1]

VII Schutz der Persönlichkeit des Arbeitnehmers
1. im allgemeinen

¹ Der Arbeitgeber hat im Arbeitsverhältnis die Persönlichkeit des Arbeitnehmers zu achten und zu schützen, auf dessen Gesundheit gebührend Rücksicht zu nehmen und für die Wahrung der Sittlichkeit zu sorgen. Er muss insbesondere dafür sorgen, dass Arbeitnehmerinnen und Arbeitnehmer nicht sexuell belästigt werden, und dass den Opfern von sexuellen Belästigungen keine weiteren Nachteile entstehen.

² Er hat zum Schutz von Leben, Gesundheit und persönlicher Integrität der Arbeitnehmerinnen und Arbeitnehmer die Massnahmen zu treffen, die nach der Erfahrung notwendig, nach dem Stand der Technik anwendbar und den Verhältnissen des Betriebes oder Haushaltes angemessen sind, soweit es mit Rücksicht auf das einzelne Arbeitsverhältnis und die Natur der Arbeitsleistung ihm billigerweise zugemutet werden kann.

Art. 328b[2]

3 Bei der Bearbeitung von Personendaten

Der Arbeitgeber darf Daten über den Arbeitnehmer nur bearbeiten, soweit sie dessen Eignung für das Arbeitsverhältnis betreffen oder zur Durchführung des Arbeitsvertrages erforderlich sind. Im übrigen gelten die Bestimmungen des Bundesgesetzes vom 19. Juni 1992 über den Datenschutz.

Art. 330a

Zeugnis

¹ Der Arbeitnehmer kann jederzeit vom Arbeitgeber ein Zeugnis verlangen, das sich über die Art und Dauer des Arbeitsverhältnisses sowie über seine Leistungen und sein Verhalten ausspricht.

² Auf besonderes Verlangen des Arbeitnehmers hat sich das Zeugnis auf Angaben über die Art und Dauer des Arbeitsverhältnisses zu beschränken.

---

[1] In Kraft ab 1.7.1996.
[2] In Kraft seit 1.7.1993.

Auszug aus dem Zivilgesetzbuch

B. Schutz der Persönlichkeit
I. Vor übermässiger Bindung
27. Auf die Rechts- und Handlungsfähigkeit kann niemand ganz oder zum Teil verzichten.

Niemand kann sich seiner Freiheit entäussern oder sich in ihrem Gebrauch in einem das Recht oder die Sittlichkeit verletzenden Grade beschränken.

II. Gegen Verletzungen
1. Grundsatz
28. Wer in seiner Persönlichkeit widerrechtlich verletzt wird, kann zu seinem Schutz gegen jeden, der an der Verletzung mitwirkt, den Richter anrufen.

Eine Verletzung ist widerrechtlich, wenn sie nicht durch Einwilligung des Verletzten, durch ein überwiegendes privates oder öffentliches Interesse oder durch Gesetz gerechtfertigt ist.

2. Klage
28 a. Der Kläger kann dem Richter beantragen:
   1. eine drohende Verletzung zu verbieten;
   2. eine bestehende Verletzung zu beseitigen;
   3. die Widerrechtlichkeit einer Verletzung festzustellen, wenn sich diese weiterhin störend auswirkt.

Er kann insbesondere verlangen, dass eine Berichtigung oder das Urteil Dritten mitgeteilt oder veröffentlicht wird.

Vorbehalten bleiben die Klagen auf Schadenersatz und Genugtuung sowie auf Herausgabe eines Gewinns entsprechend den Bestimmungen über die Geschäftsführung ohne Auftrag.

Auszug
aus dem Strafgesetzbuch

Art. 179novies[1]

Unbefugtes Beschaffen von Personendaten

Wer unbefugt besonders schützenswerte Personendaten oder Persönlichkeitsprofile, die nicht frei zugänglich sind, aus einer Datensammlung beschafft, wird auf Antrag mit Gefängnis oder mit Busse bestraft.

---

[1] In Kraft seit 1.7.1993.

Auszug aus der Verordnung 3 zum Arbeitsgesetz

(Gesundheitsvorsorge) vom 18.8.1993

5. Abschnitt: Überwachung der Arbeitnehmer

Art. 26

[1] Überwachungs- und Kontrollsysteme, die das Verhalten der Arbeitnehmer am Arbeitsplatz überwachen sollen, dürfen nicht eingesetzt werden.

[2] Sind Überwachungs- oder Kontrollsysteme aus andern Gründen erforderlich, sind sie insbesondere so zu gestalten und anzuordnen, dass die Gesundheit und die Bewegungsfreiheit der Arbeitnehmer dadurch nicht beeinträchtigt werden.

Anhang

Stichwortregister

	Fragen
A	
Ärztliche Untersuchung	21
Arbeitsplatzbezug	4, 12
Arbeitszeugnis	
– Aussagekraft	35
– Bestimmungsrecht	39
– Beweispflichten	51
– Einfaches Zeugnis (Arbeitsbestätigung)	37
– Familiäre Umstände	44
– Haftung	50
– Interessen Arbeitnehmer/ Arbeitgeber	34
– Kündigungsgrund	47
– Lesehilfen	56
– Negative Aussagen	45
– Qualifiziertes Vollzeugnis	36
– Tips für das Schreiben schwieriger Sachverhalte	52
– Übereinstimmung mit Kündigungsbegründung	48
– Uncodierte Zeugnisse	55
– Verjährung	41
– Verschlüsselung	53
– Volle Zufriedenheit	46
– Vor- und Rückdatieren	49
– Wahrheitspflicht	42
– Wohlwollen	43
– Zeitpunkt	40
– Zeugniscodes	54

	Fragen
– Zeugnisschreiber	57
– Zusammenspiel mit Referenzauskunft	58
– Zweck	33
– Zwingender Anspruch	38
Auskunftsrecht	10, 26, 27
Auskünfte gegenüber Dritten	31
B	
Bewerbungsverfahren	
– Bewerbungsunterlagen	15
– Rechte der Bewerber	14
D	
Datenschutz	
– Arbeitgeberinteressen	2
– Arbeitnehmerinteressen	3
– Rechtsgrundlagen	5, 6
Datenschutzgesetz	
– Bearbeitungsgrundsätze	8
– Begriff	9
– Inhalt	7
G	
Geheimakten	25
Graphologisches Gutachten	20
I	
Informationelles Selbstbestimmungsrecht	1

	Fragen
K	
Klagen	28
N	
Notwehrrecht auf Lüge	18
P	
Personaldossier	
– Auskunfts- und Einsichtsrecht	26
– Beendigung Arbeitsverhältnis	32
– Begriff/Inhalt	23, 24
– Zugangsregelung	29
Personaldaten	
– Bekanntgabe ins Ausland	30
Personalselektion	
– Entscheidungshilfen	13
Persönlichkeitsverletzung	11
Psychologischer Test	20
R	
Referenzauskunft	
– Auskunfts- und Einsichtsrecht	60

	Fragen
– Einverständnis Arbeitnehmer	59
– Haftung	61
– Zusammenspiel mit Arbeitszeugnis	58
V	
Video-Überwachung	22
Vorstellungsgespräch	
– die umstrittensten Fragen	19
– Fragerecht und Informationspflicht	16
– Folgen von Verletzungen des Fragerechts und der Informationspflicht	17
S	
Strafbestimmungen	62
T	
Telefonüberwachung	22

Anhang

Von H.U. Schürer bereits im SKV-Verlag erschienene Bücher:

Arbeit und Recht
Praktischer Wegweiser für den Berufsalltag, 4. Auflage 1994

Arbeitsrecht in der Gerichtspraxis (2 Bände)
eine kommentierte Sammlung der wichtigsten Gerichtsentscheide zum Arbeitsrecht für Praxis und Unterricht, 1. Bd. 1995

Die Frau im Arbeitsrecht (erscheint Sommer 1996)
in Zusammenarbeit mit Rita Schmid-Göldi, Frauenbeauftragte im SKV